Oei, ik groe

Weetjes & mijlpalen

Xaviera Plas-Plooij en Frans X. Plooij

Oei, ik groei!

Weetjes & mijlpalen

Alles over je baby's ontwikkeling: slaap, huilen, eten en meer...

FONTAINE UITGEVERS

Voor Marco, Thomas, Victoria en Sarah:
jullie zijn de mijlpalen in ons leven.

Dit boek is een uitgave van Fontaine Uitgevers B.V., 's-Graveland
in samenwerking met Kiddy World Publishing, Arnhem
www.fontaineuitgevers.nl
www.oeiikgroei.nl
www.oeiikgroei.be

6e druk, 2018
Herziene editie van *Oei, ik groei! Spreekuur op de bank*

Vormgeving omslag en illustraties binnenwerk: Sumedia, Arnhem
Vormgeving binnenwerk: Andrei Andras

ISBN 978 90 5956 849 5
NUR 847

Inhoudsopgave

2. Lichamelijke ontwikkeling **33**

6. Emotionele ontwikkeling 103

7. Stress 113

A smart start for a happy beginning!

De belevingswereld van iedereen wordt een stukje mooier als hij of zij het gevoel heeft begrepen te worden. Dat geldt ook, misschien zelfs zeker, voor baby's.

Gefeliciteerd!

Gefeliciteerd! Je bent (weer) de trotse ouder van een lieve baby. Maanden heb je toegeleefd naar het moment waarop je eindelijk je baby in je armen kon houden, en nu kun je hem eindelijk knuffelen, tegen hem praten, zijn kleine voetjes bewonderen... Er bestaat niets mooiers dan het ouderschap. Vanaf nu zijn jullie een team, een prachtige eenheid. Je wilt er het beste van maken en dat gaat ongetwijfeld gepaard met een heleboel zorgen en vragen. Die vragen en twijfels zijn heel normaal. Ze zijn zelfs goed. Ze halen het beste in jou naar boven en daar vaart je baby wel bij.

Dit boek staat vol met informatie. Kort en krachtig verwoord, met veel handige en overzichtelijke schema's. Speciaal voor jou als je geen honderd boeken wilt lezen, maar de informatie wilt krijgen over de onderwerpen die jou nu bezighouden, zoals de lichamelijke en emotionele ontwikkeling, het huilen, het eten, de stress en de intelligentie van je baby. Het boek is niet één lange, doorlopende tekst, maar bestaat uit korte stukjes, zodat je alleen de stukjes hoeft te lezen waar je op dat moment behoefte aan hebt. Blader het door, laat je oog over de verschillende onderwerpen glijden en ontdek wat jou aanspreekt. Je zult zo veel leuke en interessante dingen ontdekken!

Xaviera & Frans

Jargon

Groeischok

- ✓ Een groeischok is het plotseling groter worden of veranderen van het lichaam of een onderdeel ervan. Soms groeien kinderen ineens vele millimeters per nacht en staan dan langere tijd weer stil. Een oude volkswijsheid zegt: 'Kinderen groeien van de ene op de andere dag uit hun kleren.' En zo is het ook.

- ✓ Ook de hoofdomvang groeit schoksgewijs. De eerste vier groeischokken in de hoofdomvang van de baby na de geboorte vallen samen met de eerste vier 'sprongetjes' in zijn mentale ontwikkeling.

- ✓ Andere groeischokken vallen echter zelden samen met sprongetjes, omdat ze veel vaker voorkomen dan sprongetjes. Ook tanden komen door op andere momenten dan die waarop een baby een sprongetje maakt.

Sprongetje

Een sprongetje is een plotselinge verandering in de mentale ontwikkeling van een baby. Die gaat gepaard met de drie H's: Huilerigheid, Hangerigheid en Humeurigheid. Die kondigen een vooruitgang aan. Ze komen bij alle gezonde kinderen in de eerste twintig maanden tien keer voor, op ongeveer dezelfde leeftijd. Bij de een is zo'n sprongetje heviger dan bij de ander. Elk sprongetje gaat gepaard met een hersenverandering die een nieuw

waarnemingsvermogen met zich meebrengt. Elk sprongetje bestaat uit twee fases: een moeilijke fase en een allemaal-nieuwe-dingen-fase. Daarna volgt een 'makkelijke' periode.

Vaardigheden

Als een kind een nieuw waarnemingsvermogen krijgt, kan hij een heel cluster nieuwe vaardigheden leren. Dit zijn vaardigheden die hij tot dan toe niet heeft kunnen leren omdat de hersenen er nog niet rijp voor waren. Een vaardigheid is de vrucht van noeste arbeid. Je baby krijgt een vaardigheid nooit cadeau, hij moet er hard voor werken. Elke vaardigheid kost oefening en oefening kost tijd. Je baby begint aan een vaardigheid als het hem uitkomt. Hij maakt een keuze en kan niet aan alle vaardigheden tegelijk beginnen. Elke vaardigheid komt dan ook voor ieder kind op een ander moment.

Waarnemingsvermogen

Bij elk sprongetje krijgt je baby een nieuw waarnemingsvermogen. Hij krijgt het cadeau en hoeft er niets voor te doen. In zijn eerste twintig maanden krijgt je baby er tien. Elk nieuw waarnemingsvermogen is het gevolg van een plotselinge verandering in de hersenen. Alle baby's krijgen het op ongeveer dezelfde leeftijd. Elk nieuw waarnemingsvermogen biedt de baby een gloednieuwe leermogelijkheid. Dat betekent dat je baby ervoor openstaat een heleboel nieuwe vaardigheden te leren. Vaardigheden die allemaal voortvloeien uit dat nieuw verworven waarnemingsvermogen en die hij onmogelijk had kunnen leren vóór de komst ervan. De nieuwe vermogens die de baby achtereenvolgens ter beschikking krijgt in de eerste twintig maanden, hebben te maken met 'sensaties', 'patronen', 'vloeiende overgangen', 'gebeurtenissen', 'relaties', 'categorieën', 'opeenvolgingen', 'programma's', 'principes' en 'systemen'. Deze worden uitgebreid beschreven in het boek *Oei, ik groei!*.

1

Mentale ontwikkeling

Sprongetjes, hersenwerk, de drie H's

Als ouder wil je niets liever dan precies weten wat er in het hoofdje van je baby omgaat. Wat maakt hij[1] mee? Hoe voelt hij zich? Wat snapt hij, wat niet? Waarom vindt hij iets zo lachwekkend? Omdat je het hem nog niet kunt vragen, zul je het aan zijn gedrag en lichaamstaal moeten aflezen. Als je weet hoe zijn mentale ontwikkeling verloopt, is het heel wat gemakkelijker je baby te begrijpen.

Mentale ontwikkeling: de koning van ontwikkeling

Mensen zijn geneigd heel snel naar het zichtbare eindresultaat te kijken. Loopt de baby al? Kan hij al praten? Natuurlijk is het leuk om al die eerste mijlpalen mee te maken, maar eigenlijk is het proces dat zich in je baby vóór die mijlpaal afspeelt, veel belangrijker en interessanter. Om iets te kunnen doen, wat het ook is, moeten je hersenen je lichaam iets kunnen 'vertellen'. De hersenen moeten in staat zijn signalen van de buitenwereld op te pikken, deze om te zetten en vervolgens het lichaam aan te sturen tot het 'doen' van iets. Als de hersenen nog niet in staat zijn signalen van de buitenwereld op te pikken, kunnen ze dus ook niets omzetten en aansturen. Als volwassenen weten wij bijvoorbeeld dat je je voet op moet tillen als er een drempel is, omdat we weten dat de drempel hoger is. Een jonge baby snapt de consequenties van hoogteverschillen nog niet. Hij ziet de drempel dus wel, maar snapt de gevolgen van een drempel niet. Tot hij de sprong maakt waarin dat vermogen van de hersenen ontwikkeld wordt. Als hij de sprong eenmaal gemaakt

---

1 Ten behoeve van de leesbaarheid wordt de baby met 'hij' aangeduid, terwijl dat iedere keer 'zij/hij' zou moeten zijn.

heeft, zie je aan de baby dat hij opeens veel beter omgaat met hoogteverschillen. Als ouder zie je dan het eindresultaat en daar ben je trots op. Je baby kan weer meer dan voorheen. Het is alleen erg belangrijk je te realiseren dat de echte mijlpaal al in de hersenen, in de mentale ontwikkeling, heeft plaatsgevonden. Alles wat wij doen en kunnen wordt bepaald door onze mentale ontwikkeling.

Een sprongetje in de mentale ontwikkeling

Een sprongetje in de mentale ontwikkeling van je baby betekent dat er ineens veel verandert in zijn hoofdje. Opeens zijn de hersentjes in staat om dingen waar te nemen die ze hiervoor niet konden waarnemen. Die verandering is zo groot dat zijn hele wereldje er ineens anders uitziet.

Hoe verandert de wereld als je baby een sprongetje maakt?

Bij elk sprongetje dat je baby maakt, krijgt hij er een nieuw waarnemingsvermogen bij. Door dat ene vermogen is hij in staat nieuwe dingen waar te nemen, te zien, horen, proeven, ruiken en voelen. Alle nieuwe dingen die hij waarneemt, waren allang in zijn omgeving voor de sprong. Hij merkte ze alleen niet op, omdat zijn hersenen het nog niet begrepen. Vanaf het maken van de sprong merkt hij al die voor hem nieuwe dingen opeens wél op. Het is voor ons volwassenen moeilijk voor te stellen, maar zijn hele wereld verandert hierdoor.

De moeilijke fase van een sprongetje

Je baby's wereld staat even op zijn kop als hij een sprongetje maakt. Het best kun je het vergelijken met het wakker worden in een andere wereld. Je doet je ogen open en alles is anders... Wat zou jij doen? Je klampt je angstvallig vast aan wat je wel kent en waarmee je vertrouwd bent. Langzaam begin je de nieuwe wereld te ontdekken. Dat doet je baby ook. Hij klampt zich vast aan jou, hij wordt hangerig. Maar je merkt niet alleen de gevolgen van een sprongetje omdat je baby hangerig is. Je zult ook opmerken dat hij meer huilt en humeurig is. Je baby heeft gedurende het maken van een sprongetje dus last van de drie H's – Hangerigheid, Huilerigheid en Humeurigheid –, hij slaapt slechter, eet slechter. Kortom: hij is van slag.

De gevolgen van een nieuw waarnemingsvermogen

Dat ene waarnemingsvermogen dat je baby erbij krijgt als hij een sprongetje maakt, geeft hem de mogelijkheid een heleboel nieuwe vaardigheden te gaan ontwikkelen. Al die vaardigheden zijn te verdelen in groepen waarin ze iets gemeen hebben. Vergelijk het met een winkel met verschillende afdelingen waarbinnen de individuele producten een onderlinge samenhang vertonen. Je baby kan voor de eerste keer een bepaalde afdeling in gaan. Daar moet hij een product gaan kiezen. Hij kan niet ineens de hele afdeling leegkopen. Wat hij kiest en hoe, maakt je baby uniek.

Tip

Duizelen de termen en begrippen je?
Kijk dan op p. 14 en 15 bij het jargon.

Leren door ervaring

Als je baby de sprong heeft gemaakt, betekent dit dat hij zijn nieuwe waarnemingsvermogen een plekje heeft gegeven. Hij is niet meer Huilerig, Hangerig of Humeurig. Maar het betekent niet dat hij al alles kan en beheerst van de mogelijke vaardigheden die dat ene nieuwe waarnemingsvermogen hem heeft gegeven. Zijn hersentjes kunnen nu in principe een heleboel nieuwe vaardigheden aan, maar die komen niet zonder oefening uit de lucht vallen. Je baby leert ze door ervaring op te doen, door fouten te maken, door vallen en opstaan. Dat oefenen kost veel tijd. Sommige vaardigheden beheerst je baby snel na de sprong en voor andere heeft hij veel langer de tijd nodig. En welke vaardigheden snel na de sprong komen, is voor iedere baby anders.

De persoonlijkheid van je baby ontdekken

De uitwerking van een sprong gebeurt in de periode na het maken ervan, waarin hij de nieuwe mogelijkheden onder de knie probeert te krijgen. In deze fase kun je als ouder veel over je baby's persoonlijkheid te weten komen. Dit doe je door op het volgende te letten:

- ✓ Hoe gaat je baby om met het mislukken van een poging?
- ✓ Welke nieuwe dingen en vaardigheden vindt hij het interessantst en leert hij het snelst?

Nieuwe dingen leren en frustraties

Na het nemen van de sprong gaat je baby allerlei dingen uitproberen die bij het nieuwe waarnemingsvermogen horen. Hij kan dat niet allemaal tegelijk, er zitten soms maanden tussen het leren beheersen van al deze vaardigheden. En natuurlijk lukken al zijn pogingen om een vaardigheid onder de knie te krijgen niet in één keer. Oefening baart kunst, ook bij baby's. De ene baby probeert het geduldig nogmaals, en nogmaals, en nogmaals, net zolang tot het lukt. De andere baby wordt gefrustreerd en boos als iets niet lukt en probeert het niet nog een keer. Nog een andere baby raakt gefrustreerd als iets niet lukt, maar gaat verbeten door, net zolang tot het lukt. Zo zijn er nog tientallen andere manieren waarop je baby hiermee om kan gaan. Als je op dit 'probeerproces' let, zie je al een stukje van zijn persoonlijkheid doorschemeren. Je ziet hoe je baby omgaat met mislukkingen en het bereiken van doelen. Juist omdat je baby nog niet heeft geleerd hoe hij zich netjes moet gedragen, vertelt dit gedrag je veel. Hij houdt zich nog niet in, kropt zijn frustraties nog niet op. Hij reageert heel puur.

Houd tijdens de uitwerking van een sprong eens bij hoe je baby reageert op het oefenen van vaardigheden. Aan de ene kant van de balk zie je staan dat je baby rustig, zonder gefrustreerd te raken, dingen blijft proberen. De andere kant van de balk staat voor een heel hoge mate van frustratie. Kleur bij de uitwerking van elke sprong dat gedeelte van de balk in dat jij van toepassing acht op je baby. Doe dit zonder vooroordeel. Rustig ergens mee omgaan heeft voordelen, maar gefrustreerd raken ook. Het ene is dus niet beter dan het andere. Veel vaardigheden komen vaak pas maanden later!

Sprong 1 5 weken

rustig gefrustreerd

Sprong 2 8 weken

rustig gefrustreerd

Sprong 3 12 weken

rustig gefrustreerd

Sprong 4 19 weken

rustig gefrustreerd

Sprong 5 26 weken

rustig gefrustreerd

Sprong 6 37 weken

rustig gefrustreerd

Sprong 7 46 weken

rustig gefrustreerd

Sprong 8 55 weken

rustig gefrustreerd

Sprong 9 64 weken

rustig gefrustreerd

Sprong 10 75 weken

rustig gefrustreerd

Het unieke aan je baby: welke dingen doet hij het eerst na een sprong?

Als je baby een sprong maakt, krijgt hij er een heel scala aan nieuwe mogelijkheden bij. Hij kan een heleboel nieuwe dingen gaan doen en snappen. Dit zijn er zoveel dat hij genoodzaakt is te kiezen. Alle vaardigheden tegelijkertijd oefenen en doorkrijgen is gewoonweg onmogelijk. In *Oei, ik groei!* staat wat je baby bij elke sprong kan leren. Je kunt dit vergelijken met een winkel. Er liggen honderden producten, maar welke kies je en stop je in je winkelmandje? Je pakt de producten die jou aanspreken, die je lekker lijken. Dat doet je baby ook bij het uitwerken van een sprongetje. Hij kiest uit alles wat hij kan gaan doen de dingen die hem aanspreken. Dit zegt iets over zijn voorkeuren. En die voorkeuren zeggen weer iets over zijn persoonlijkheid.

Door je open te stellen voor je baby en alles wat hij je 'vertelt' met zijn lichaamstaal, krijg je al een heel goed beeld van zijn persoonlijkheid. Door te observeren en bij te houden wat je baby uit de ontdekkingslijsten van *Oei, ik groei!* kiest en doet met het mentale vermogen dat hij bij de sprong kreeg, wordt dat beeld nog duidelijker. Je baby 'kiest' de dingen die hem het meest aanspreken, en wat hem niet aanspreekt, laat hij nog even liggen. En vergeet niet: juist de dingen die iemand níét leuk vindt, zeggen ook veel over iemands karakter. (Zie ook hoofdstuk 8, Intelligentie, p. 125.)

En dan komt de volgende sprong weer!

Net als je baby de vorige sprong zo'n beetje verwerkt heeft en al een aantal nieuwe vaardigheden onder de knie heeft, komt de volgende sprong er alweer aan! Het leven van je baby verandert wederom drastisch. Dat gebeurt erg vaak gedurende de eerste twee jaren. En al helemaal in de eerste drie maanden, doordat de sprongen elkaar dan het snelst opvolgen. Je kunt je voorstellen dat je baby nog lang niet alle vaardigheden die hij na de vorige sprong kon gaan doen onder de knie heeft als het volgende sprongetje zich alweer aandient. Dat maakt niets uit, hij gaat hier gewoon mee door ongeacht de nieuwe sprong die hij maakt. De totale uitwerking van alle mogelijke vaardigheden van een sprong overlapt dus een aantal sprongen.

Vaardigheden worden steeds beter, sprong na sprong

Een nieuw waarnemingsvermogen bij een volgende sprong stelt je baby in staat om een oude vaardigheid naar een hoger niveau te tillen of er meer mee te doen. Je kunt het vergelijken met het bouwen van een huis. Eerst leg je de fundamenten, dan bouw je de muren, daarna het dak, vervolgens deel je het huis in en richt je het in. Een dak op een huis zetten dat geen muren heeft, gaat niet. Je baby bouwt aan de basis van zijn mentale ontwikkeling. Bij elke sprong bouwt hij een laag erbovenop.

Je baby leert per sprong niet alleen meer, hij leert ook dat de dingen die hij al kon, de vaardigheden die hij al bezat, tevens op een andere manier gebruikt kunnen worden. Hij leert per sprong creatiever te zijn met de vaardigheden die hij al bezat. Neem het voorbeeld van het 'pakken'. De eerste keer dat je baby in staat was iets te pakken, ging het heel moeilijk en had hij weinig controle over zijn hand. Zijn bewegingen waren een beetje robotachtig. Dus hield je het speeltje goed voor hem en zorgde je ervoor dat zijn handje in de buurt van het speeltje kwam. Een paar sprongen verder pakt hij doelgericht iets wat ergens achter ligt en verplaatst het ergens anders naartoe. Je ziet, het pakken heeft een functie gekregen. Het 'pakken' is niet meer het einddoel, maar een middel om iets anders te bereiken. Het einddoel is op een hoger niveau gekomen. Zijn handje maakt soepele bewegingen en hij weet hem goed te 'besturen'. De vaardigheden die hij heeft verworven bij het uitwerken van een sprong zijn verfijnder. (Zie ook hoofdstuk 2, Lichamelijke ontwikkeling, p. 33.)

Wanneer maakt een baby een sprongetje?

Alle baby's maken op dezelfde leeftijd sprongetjes. Ga altijd uit van de uitgerekende datum. Het gaat immers om de hersengroei, en of je baby nu een paar weken eerder of later geboren wordt, het tempo van de ontwikkeling in de hersenen gaat gewoon door. Het schema op pagina 28 laat zien wanneer je baby een sprongetje maakt.

Alle baby's maken dezelfde sprong, maar de uitwerking maakt iedere baby uniek

Alle baby's maken op dezelfde leeftijd een sprongetje, doordat de aanzet tot een sprong van binnenuit komt en de omgeving daar geen invloed op heeft. Dat betekent niet dat ze op dezelfde manier met die sprong omgaan. Ook al maken alle baby's op dezelfde leeftijd een sprong, ze gaan allemaal anders om met het nieuw verkregen waarnemingsvermogen. En juist dat maakt iedere baby uniek.

Sprongetjes en agendaplanning

Je baby is gegarandeerd niet zichzelf bij het maken van een sprongetje. Het is echter heel erg moeilijk in te schatten in welke mate hij van slag is. Omdat je baby zo veel sprongetjes maakt in zijn eerste levensjaren, kun je natuurlijk niet die weken vrij plannen. Dat hoeft ook helemaal niet. Je doet er wel verstandig aan er een beetje rekening mee te houden. Plan bijvoorbeeld de prikjes op het consultatiebureau niet op de dagen dat je baby een sprong maakt.

Soms is een sprongetje lastig te zien

Een sprongetje kun je zien als een grote verandering. Sommige volwassenen reageren heftiger op een verandering in hun leven dan andere. Dat is bij baby's niet anders. De ene baby gaat gewoon van nature iets gemakkelijker om met veranderingen dan de andere. Naast de aard van het beestje spelen ook andere, wel beïnvloedbare factoren een rol:

- ✓ stresssituaties
- ✓ gezondheid

Als je midden in een verhuizing zit of een andere stressvolle periode, of als je baby ziek is, camoufleren deze omstandigheden het sprongetje vaak. Je baby is al hangerig, zit al niet lekker in zijn vel en het sprongetje dat hij ingaat, valt daardoor minder op.

Het sprongenschema

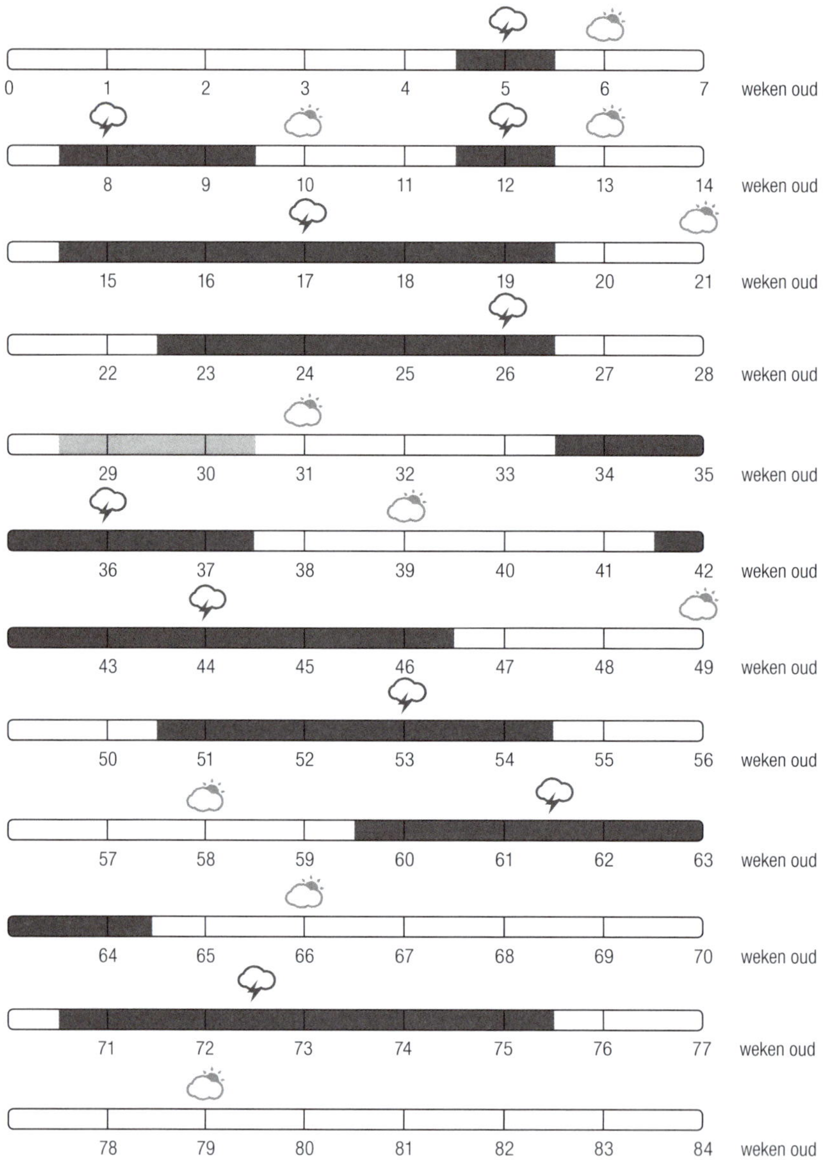

- Je baby maakt nu waarschijnlijk een relatief makkelijke periode door.
- Je baby kan nu hangeriger zijn dan je van hem gewend bent.
- Rond deze week is de kans groot dat je baby hangerig is.
- Rond deze week is het zeer waarschijnlijk dat je baby het zonnetje in huis is.
- Huilerigheid, Hangerigheid en Humeurigheid (de drie H's) rond week 29 en 30 zijn niet de tekenen van een ophanden zijnde sprong. Je baby heeft simpelweg ontdekt dat zijn vader of moeder weg kan lopen en hem achter kan laten. Dit is vooruitgang, hoe gek het ook klinkt. Het is een nieuwe vaardigheid: hij leert alles over afstanden.

Sommige sprongen zijn lastiger voor je baby dan andere

Je zult merken dat je baby bij het ene sprongetje meer last heeft van de drie H's dan bij het andere. Dat kan komen doordat hij het waarnemingsvermogen dat bij die sprong hoort juist heel interessant vindt, of doordat hij, terwijl het sprongetje begon, net even wat minder lekker in zijn vel zat. Het belangrijkste is dat je weet dat het heel normaal is dat je baby er de ene keer meer last van heeft dan de andere keer. Het is niets om je zorgen over te maken. Probeer er wel achter te komen waarom je baby bij een bepaald sprongetje heftiger reageert. Help hem als hij het er lastig mee heeft.

Ziektes en sprongetjes

Veel baby's worden niet tijdens een sprongetje ziek, maar er net na. Dat komt doordat je baby dan zoveel te verwerken heeft gekregen dat hij bevattelijker is voor ziekte. Hij heeft slecht geslapen, minder goed gegeten en veel stress gehad. Deze ingrediënten zijn natuurlijk hét recept om ziek te worden. T. Berry Brazelton, een beroemde kinderarts uit de Verenigde Staten, heeft gemerkt dat er aanmerkelijk meer bezoeken van ouders aan zijn praktijk werden gebracht als hun kind net een sprongetje had gemaakt. Toch moet je ziektes nooit onderschatten. Als je twijfelt over de gezondheid van je baby, ga dan meteen naar de huisarts. Waarschijnlijk is er niets aan de hand, maar het is altijd beter het zekere voor het onzekere te nemen.

Help je baby door een sprongetje heen

Een sprongetje maken en verwerken kan je baby alleen maar zelf doen. Je kunt het niet leuker maken voor hem, maar wel gemakkelijker. Dat doe je door:

- ✓ je baby in situaties te brengen waarop zijn nieuwe waarnemingsvermogen inspeelt;
- ✓ je baby op tijd aan zijn welverdiende rust toe te laten komen.

Lees een week voor je baby een sprongetje gaat maken het hoofdstuk over het nieuwe sprongetje uit *Oei, ik groei!* Zo weet je waarin je baby straks geïnteresseerd is. Je kunt je dan goed voorbereiden en je baby aanbieden waar hij behoefte aan heeft. Door dat te doen help je hem de indrukken van de sprong gemakkelijker te verwerken, simpelweg omdat jij hem in staat stelt zijn nieuwe wereld te ontdekken. Al die nieuwe indrukken die hij opdoet, kosten hem veel energie. Je baby zal dus ook behoefte hebben aan rust. Soms maar even, soms wil hij een aantal uren slapen. Jij kunt als beste inschatten wanneer je baby rust nodig heeft. Door hem die op tijd te geven, maak je het doen van een sprongetje veel gemakkelijker voor hem.

Nee: de kwantiteit van nieuwe dingen zegt niks over de intelligentie

Als je baby een sprongetje in zijn mentale ontwikkeling heeft gemaakt, is hij vanaf dat moment in staat bepaalde nieuwe dingen in zich op te nemen. Door het nieuwe waarnemingsvermogen dat hij door de sprong erbij heeft gekregen, is hij in staat een heel scala aan nieuwe vaardigheden te leren. Dat scala is zo groot dat hij ze onmogelijk allemaal tegelijkertijd kan gaan doen. Je baby heeft het nieuwe vermogen erbij gekregen zonder erom te vragen, simpelweg omdat hij de leeftijd heeft waarop zijn hersentjes hem dat vermogen geven. Zonder erom te vragen is hij nu in staat honderden nieuwe dingen te gaan doen. Dat wil niet zeggen dat hij ze ook allemaal in één keer onder de knie heeft. Voor alles in het leven geldt: oefening baart kunst. Hij gaat oefenen en oefenen en oefenen, net zolang tot hij ze beheerst. Pas dan zal hij iets anders uit alle nieuwe mogelijkheden gaan kiezen en oefenen.

De kwantiteit van nieuwe dingen die je baby kiest na het maken van een sprongetje zegt niets, maar dan ook niets, over zijn intelligentie. Zie de lijst met nieuwe mogelijke vaardigheden die bij elke sprong horen dan ook niet als een afstreeplijst. Wees niet geneigd zo veel mogelijk aan te kunnen strepen als op een soort checklist. Geen enkele baby doet alles in één keer. Wees eerlijk jegens jezelf en je baby. Bekijk welke dingen hem boeien, welke nieuwe dingen hij wil onderzoeken. Op die manier speel je op je baby in en geef je hem zelfvertrouwen en een basis voor veilige hechting (zie ook hoofdstuk 6, Emotionele ontwikkeling, p. 103).

Een leven lang sprongetjes

Mensen maken hun hele leven lang sprongetjes in hun mentale ontwikkeling. Waarschijnlijk gebeurt dat dus ook in de buik. Denk ook maar eens aan de puberteit of de midlifecrisis. Niemand die in zo'n sprongetje zit vindt het op dat moment fijn, maar toch is het een van de mooiste dingen van het leven. Onze ontwikkeling staat nooit stil. We blijven Oei, ik groei!-en.

2

Lichamelijke ontwikkeling

Grove motoriek, fijne motoriek, lichaamsgroei, reflexen

Gedurende de eerste levensjaren, en met name het eerste levensjaar, gebeurt er niet alleen veel in het hoofdje van je baby, maar hij ontdekt ook zijn lichaam en hij leert het te gebruiken. Binnen anderhalf jaar verandert hij van een baby die geboren wordt met een aantal reflexen in een dreumes die dingen pakt, kruipt of zelfs loopt. Hij groeit als kool, wordt steeds sterker en leert zijn lichaam steeds beter gebruiken.

Je baby groeit met groeispurts

Er is een gezegde dat luidt dat kinderen van de ene op de andere dag uit hun kleren groeien. Niet voor niets, want iedere ouder maakt mee dat alle kleding opeens te klein lijkt. De mentale groeisprongen en lichamelijke groeispurts hebben gemeen dat ze plotseling en onaangekondigd komen, maar het tijdstip waarop je baby in één keer heel veel groeit, is niet gelijk aan dat waarop hij een sprongetje in zijn mentale ontwikkeling maakt.

Aangeboren reflexen verdwijnen

Iedereen heeft gehoord van een aantal aangeboren reflexen. Dingen die je baby direct na de geboorte kan zonder daarover na te denken. Een aantal ervan wordt gecontroleerd door de verloskundige of arts die de bevalling begeleidt. Wat veel mensen niet weten, is dat die aangeboren reflexen verdwijnen en je baby er weer andere voor terugkrijgt! Het verdwijnen van reflexen en het ontstaan van nieuwe reflexen gaat niet gepaard met het nemen van een sprongetje.

Tandjes krijgen en sprongetjes hoeven niet samen te gaan

De leeftijd waarop baby's tandjes krijgen varieert heel sterk. Het doorkomen van tandjes heeft dan ook niets met de sprongetjes te maken. Het volgende schema laat je zien wanneer welke tanden meestal doorkomen.

Tandenschema!

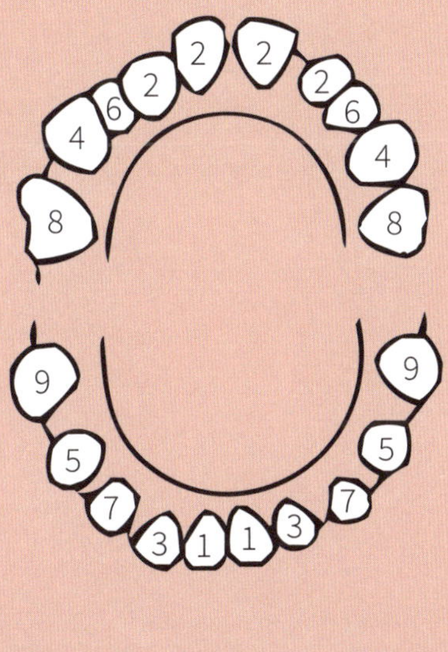

Hier kun je zien in welke volgorde tandjes meestal doorkomen. Baby's zijn echter geen machines. Je baby krijgt zijn eerste tandje wanneer hij eraan toe is. Het is een kwestie van aanleg. Ook de snelheid waarmee de tanden na elkaar verschijnen, zegt niets over de gezondheid of over de ontwikkeling van de baby zelf. Baby's kunnen vroeg of laat, snel of langzaam hun tanden krijgen.

Meestal komt het eerste tandje door als de baby zes maanden is. Dit zijn de voortanden in de onderkaak (1). Gemiddeld heeft hij zes tandjes als hij zijn eerste verjaardag viert. Als hij tweeënhalf is, komen de laatste kiezen (8) en is zijn melkgebit compleet. De peuter heeft dan twintig tanden en kiezen. Hierna kun je bijhouden wanneer en in welke volgorde de tanden en kiezen van jouw baby doorkomen.

Let op: Diarree of koorts heeft niets met tanden krijgen te maken. Als je baby dat heeft, is hij gewoon ziek.

DATUM:

1.	11.
2.	12.
3.	13.
4.	14.
5.	15.
6.	16.
7.	17.
8.	18.
9.	19.
10.	20.

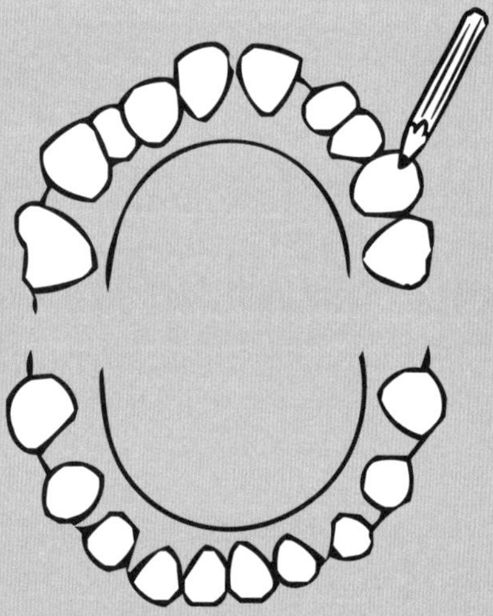

De hoofdomvang en sprongetjes

Er zijn bepaalde leeftijden waarop het hoofd plotseling, schoksgewijs, in omvang toeneemt. Dat gebeurt vlak voor een sprongetje in de mentale ontwikkeling, eerst rond 3 weken, dan als je baby 7 tot 8 weken oud is, vervolgens rond 10 tot 11 weken en ten slotte rond 15 weken. Verder is niet gemeten. Net als bij de sprongen in de mentale ontwikkeling moet je uitgaan van de uitgerekende datum, niet van de geboortedatum. Zijn hersenen groeien immers niet sneller als hij te vroeg geboren wordt, en ook niet langzamer als hij 42 weken in de buik blijft!

Grove motoriek en fijne motoriek

Lichamelijke ontwikkeling is alles wat je met je lichaam doet. Grofweg maken we onderscheid tussen de grove motoriek (hoofd rechtop houden, omrollen, zitten, graaien, kruipen, lopen, rennen enzovoort) en de fijne motoriek (iets gericht pakken, een pen vasthouden, een knopje indrukken, een puzzel maken enzovoort). Als een baby geïnteresseerd is in de grove motoriek, zal hij die dingen snel onder de knie proberen te krijgen. Als een kind geïnteresseerd is in de fijne motoriek, zal hij zich dié dingen snel eigen maken. Opvallend is wel dat kinderen die vooral houden van observeren, ook vaak interesse hebben in de fijne motoriek. Kijk dus nooit alleen naar de grove motoriek als je je baby's lichamelijke ontwikkeling bestudeert.

Grove versus fijne motoriek

We hebben in ons leven beide soorten motoriek nodig. De ene is dus niet belangrijker dan de andere. Het is wel belangrijk dat je je baby de mogelijkheid biedt om beide soorten te oefenen. Speel dus spelletjes met hem die inspelen op de grove motoriek en spelletjes die inspelen op de fijne motoriek. Laat je baby altijd bepalen of hij het spelletje wel of niet wil spelen. Het heeft geen zin hem dingen te laten leren tijdens een spelletje waarin hij helemaal geen interesse heeft. Sterker nog, dan krijgt hij alleen maar een afkeer van dat spelletje.

Lichamelijke mijlpalen: wat en wanneer

Mensen zijn vaak geneigd naar duidelijk visueel eindresultaat te kijken. Je zult dan ook vaak vragen krijgen als ‘Loopt hij al?’ en ‘Kruipt hij nog niet?’ Allemaal vragen waar je niet op zit te wachten en die je misschien zelfs aan het twijfelen brengen. Vergeet nooit dat een kind pas iets doet als hij daaraan toe is en dat het moment waarop hij aan iets toe is niets zegt over zijn intelligentie of gezondheid. Toch kan het geruststellend zijn om te beseffen dat het moment waarop een baby kan zitten, staan, kruipen of lopen sterk kan en mag variëren. Ook is het fijn om te weten vanaf wanneer je baby iets op zijn vroegst kan gaan doen. Die vroegste momenten om iets onder de knie te kunnen krijgen, worden bepaald door de sprongen in de mentale ontwikkeling. Je baby moet het immers eerst mentaal kunnen voordat hij zijn lichaam kan aansturen.

Grofmotorische mijlpalen

(A) Hoofdcontrole wanneer schouders worden vastgehouden		
Gedrag	Gemiddelde leeftijd	Spreiding in leeftijden
Richt hoofd op	Pasgeboren	
Maakt houdingscorrecties	Pasgeboren	
Hoofd rechtop-verticaal	3 weken	9 dagen – 3 maanden
Hoofd rechtop-standvastig	7 weken	3 weken – 4 maanden
Houdt hoofd standvastig	2½ maand	1 – 5 maanden
Hoofd evenwichtig	4 maanden en 1 week	2 – 6 maanden

(B) Grofmotorische bewegingen in vooroverliggende positie		
Zijdelingse hoofdbewegingen	Pasgeboren	
Tijgerkruipbewegingen	Bijna 2 weken	0 – 3 maanden
Drukt zichzelf op met de armen	Vlak na 2 maanden	3 weken – 5 maanden
In staat om vooruit te komen op enigerlei wijze	Vlak na 7 maanden	5 – 11 maanden

(C) Grofmotorische bewegingen in rugligging of op de zij		
Stoot armen van zich af al spelend	3½ week	9 dagen – 2 maanden
Stoot benen van zich af al spelend	3½ week	9 dagen – 2 maanden
Houdt zich vast aan grote plastic ring	3½ week	9 dagen – 2 maanden
Tilt hoofd op (vanuit achterhoofdligging)	1 maand en 3 weken	3 weken – 4 maanden
Draait van zij naar zij	Bijna 2 maanden	3 weken – 5 maanden
Draait van rug naar zij	2½ maand	2 – 7 maanden

Lopen*, uitgebalanceerd staan en traplopen

(A) Lopen		
Gedrag	Gemiddelde leeftijd	Spreiding
Eerste stapjes	7 maanden en 2 weken	5 – 11 maanden
Stapbewegingen	8 maanden en 3 weken	6 – 12 maanden
Loopt met hulp	9½+ maand	7 – 12 maanden
Zit neer	9½+ maand	7 – 14 maanden
Staat los	11 maanden	9 – 16 maanden
Loopt zelfstandig	11 maanden en 3 weken	9 – 17 maanden

(B) Evenwicht		
Staat op rechtervoet met hulp	16 maanden	12 – 21 maanden
Staat op linkervoet met hulp	16+ maanden	12 – 23 maanden
Staat los op rechtervoet	22 maanden en 3 weken	15 – 30+ maanden
Staat los op linkervoet	23½ maand	16 – 30+ maanden
Veert omhoog en komt met beide benen van de grond	Bijna 23½ maand	17 – 30+ maanden

(C) Traplopen		
Loopt de trap op met hulp	16+ maanden	12 – 23 maanden
Loopt de trap af met hulp	Bijna 16½ maand	13 – 23 maanden
Loopt zelfstandig de trap op, beide voeten op iedere tree	25+ maanden	18 – 30+ maanden
Loopt zelfstandig de trap af, beide voeten op iedere tree	25 maanden en 3 weken	19 – 30+ maanden
Loopt zelfstandig de trap op, waarbij de voorste voet alterneert	30+ maanden	23 – 30+ maanden

** Inclusief motorische controle in staande positie.*

Zitten en staan

(A) Neergezet door volwassene		
Gedrag	**Gemiddelde leeftijd**	**Spreiding**
Zit met steun	2 maanden en 1 week	1 – 5 maanden
Zit met minimale steun	3 maanden en 3 weken	2 – 6 maanden
Zit eventjes los	5 maanden en 1 week	4 – 8 maanden
Zit los, 30 seconden of langer	6 maanden	5 – 8 maanden
Zit zelfstandig, standvastig	6½ maand	5 – 9 maanden
Zit zelfstandig, goede coördinatie	7 maanden	5 – 10 maanden

(B) Geholpen door volwassene		
Probeert te gaan zitten	4 maanden en 3 weken	3 – 8 maanden
Trekt zich op tot zitten	5 maanden en 3 weken	4 – 8 maanden
Trekt zich op tot staan	8 maanden	5 – 12 maanden

(C) Met behulp van meubels		
Richt zichzelf op tot zitten	8 maanden en 1 week	6 – 11 maanden
Gaat op eigen kracht staan	8½ maand	6 – 12 maanden
Staat op, niveau I	12½ maand	9 – 18 maanden
Staat op, niveau II	Bijna 22 maanden	11 – 30+ maanden
Staat op, niveau III	30+ maanden	22 – 30+ maanden

Bron: *Collaborative Perinatal Research Project of the Bayley tests.*

Grove motoriek: niet iedere baby vindt dit interessant

Sommige baby's zijn gewoonweg niet geïnteresseerd in kruipen of lopen als doel op zich. Voor hen biedt dat niets extra's in het leven. Deze baby's zijn bijvoorbeeld veel meer geïnteresseerd in ruimtelijke aspecten als het stapelen van blokken of een vormenstoof; daar gaan ze helemaal in op. Zij zullen dus ook niet veel moeite doen om te gaan lopen, ze doen liever iets anders. Ze gaan pas kruipen of lopen als ze er een ander doel mee kunnen bereiken. Bijvoorbeeld als ze per se steeds dat ene blok willen hebben waar ze niet bij kunnen. Dan proberen ze te gaan kruipen om bij dat blok te komen. Hun doel is dan ook niet het kruipen op zich, maar het pakken van het blok. Hierbij is het kruipen een middel. Vergelijk het maar met een auto kopen: sommige mensen kopen een luxe, mooie auto omdat ze daar graag in rijden, andere interesseert het niet wat voor auto het is, als de auto hen maar van punt A naar punt B brengt.

De wel lichamelijk geïnteresseerde baby's zullen al veel eerder kruipen en lopen dan de niet geïnteresseerde. Logisch eigenlijk, want je doet pas iets als je er interesse in hebt. Deze baby's zullen alles proberen om een nieuw lichamelijk kunstje onder de knie te krijgen zodra hun mentale ontwikkeling zover is. Ze oefenen en oefenen net zolang tot ze staan, kruipen of lopen. Ze genieten van die lichamelijke inspanning en stralen van trots als ze het kunnen.

De ene groep baby's is niet beter of slimmer dan de andere. Het is wel belangrijk dat je als ouder je baby stimuleert in wat hij wil doen. Kijk goed naar hem, luister naar wat hij je 'vertelt', of dat nu met woorden is of niet. Dwing je baby nooit om iets lichamelijks te doen waarin hij gewoon nog geen zin heeft.

De frustraties bij het leren van motorische vaardigheden

Baby's willen soms heel erg graag zitten, lopen of kruipen, maar merken dan dat hun lichaam gewoon niet doet wat ze willen. Frustratie is het gevolg. Dat je baby mentaal zover is dat hij kan gaan zitten, kruipen of lopen en er interesse in heeft, wil niet zeggen dat hij het ook al kan. Om lichamelijke dingen te doen heb je ook je lichaam nodig! Soms is het lichaam eenvoudig nog niet zover. De spieren zijn nog niet sterk genoeg of het lichaam is nog te zwaar voor zijn spierkracht. De frustratie die je baby uit, is dan heel begrijpelijk. Hij wil iets, is gepassioneerd door iets, voelt de drang om iets te doen, maar zit voor zijn gevoel in een lichaam dat niet meewerkt.

Help je baby door hem voor zijn poging om iets te doen een complimentje te geven. Moedig hem aan en vertel hem keer op keer dat hij het zo ontzettend goed doet. Je zult merken dat de

frustratie minder wordt. Help hem ook het lichamelijke trucje onder de knie te krijgen. Speel gymspelletjes met hem, maar stop altijd meteen als je merkt dat het te veel wordt.

Zo kun jij je baby helpen met grofmotorische vaardigheden

Helpen kun je zeker, forceren niet. Je helpt je baby door op hem in te spelen, door hem te geven waaraan hij behoefte heeft. Dat geldt eigenlijk bij alle facetten van de ontwikkeling. Speel de gymspelletjes waaraan hij behoefte heeft en zorg ervoor dat hij in staat is om te oefenen. Als ouder moet je de randvoorwaarden scheppen voor het succesvol doen van de dingen waaraan hij behoefte heeft. Soms hoef je je baby alleen maar in een bepaalde positie neer te leggen, soms moet je iets in zijn omgeving aanpassen. Het volgende overzicht geeft je een idee.

Wat je hoe kunt oefenen

WAT	DOEN
Nekspier oefenen	✓ Op de buik neerleggen op een zacht kleed
Lichaam leren gebruiken	✓ Af en toe in zijn blootje neerleggen
Leren pakken	✓ Speeltje zo voor hem houden dat hij het gemakkelijk kan pakken
Zitten	✓ Voedingskussen om hem heen leggen
Kruipen	✓ Op een niet te gladde en stugge vloer zetten
Lopen	✓ Een handje geven of een ander steunmiddel ✓ Sokken uitdoen of antislipsokjes aantrekken

Bloot: geen remming van kleding

Kleding, hoe soepel ook, belemmert toch altijd een beetje de bewegingen. Al is het alleen maar doordat je kleding altijd voelt. Dat stoort of maskeert het voelen van je lichaam. Je baby vindt het heerlijk om af en toe in zijn blootje te liggen en te oefenen met zijn lichaampje. Maak er een gewoonte van dat je hem elke dag die kans gunt. Zorg er natuurlijk wel voor dat hij niet op de tocht of in de kou ligt. Baby's zijn erg gevoelig voor tocht en kou en worden hierdoor snel ziek.

Ga nooit te lang door!

Als je als ouder goed op de signalen van je baby let, herken je zijn grenzen. Je ziet het aan zijn lichaampje dat opeens slapper wordt, of zijn ogen die lodderig gaan staan. Soms zijn de hints die je baby geeft zo subtiel dat alleen jij ze begrijpt en niet de buurvrouw, die hem niet dagelijks ziet. Mocht je baby met iemand aan het spelen zijn en jij ziet aan hem dat het hem te veel wordt, zeg er dan iets van. Het is erg belangrijk dat je nooit je baby forceert met een gymspelletje.

Een zeer kwetsbare nek door een enorm groot hoofd

Het hoofd van de baby is in verhouding veel groter dan dat van ons. Als je de proporties van zijn hoofd met die van ons zou vergelijken, dan zou ons hoofd zo groot zijn dat het tot de onderkant van onze oksels komt. Op je baby's nekje zit dus in verhouding een veel groter en zwaarder ding dan bij ons. Tel daarbij op dat zijn nekspieren nog niet zo sterk zijn als die van ons, en je begrijpt dat optillen en stabiel houden van het hoofd letterlijk een zware klus voor hem is. Als je baby dat immens zware en grote hoofd optilt en opeens opzij zwiept, kan hij zich gevaarlijk bezeren. Onderschat dit nooit en houd dus altijd de nek van je baby in de gaten.

Het volgende schema toont je hoe onze lichaamsmaten zich verhouden tot die van een baby door de verschillende stadia van de ontwikkeling heen. Zie je dat zijn hoofd veel groter is en zijn beentjes veel kleiner in verhouding tot ons lichaam?

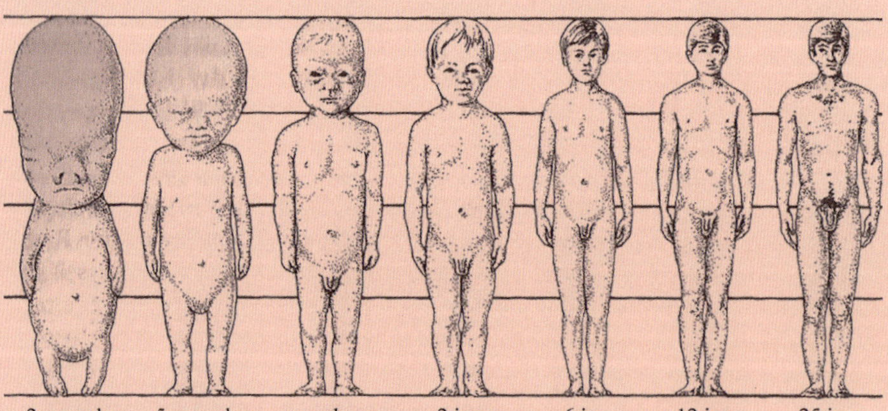

Tekening uit boek *In the beginning* van J. Rosenblith (1992).

Wist je dat tussen de geboorte en de volwassenheid relatief gezien:

- ✓ het hoofd verdubbelt,
- ✓ de torso verdrievoudigt,
- ✓ de armen verviervoudigen,
- ✓ de benen vervijfvoudigen.

Sommige baby's gaan over hun eigen grenzen heen

De meeste baby's stoppen uit zichzelf met gymspelletjes als het hun te veel wordt. Bij sommige baby's zie je dat ze over hun eigen grens heen gaan. Ze moeten echt nog leren rust te nemen als de lichamelijke inspanningen even te veel worden. Jouw rol is dan ook die grenzen te zien en je baby tegen zichzelf te beschermen. Andersom moet je er ook voor waken dat je jezelf beschermt tegen jouw passie voor lichamelijke dingen! Jij kunt het misschien wel fantastisch vinden als je baby zit, zich omdraait, staat, kruipt of loopt, maar als hij het nog niet kan of te moe is na een oefening, doe je meer kwaad dan goed met het doorgaan van het gymspelletje. Forceer nooit iets.

Een slapper lijfje tijdens een sprongetje

Als je baby een sprongetje maakt, heeft hij even een terugval. Hij kan dingen die hij voor de sprong kon ineens niet meer. Natuurlijk komt dat snel genoeg terug. Zijn lijfje lijkt misschien slapper, maar zijn spieren en botten zijn dat niet. Hij is alleen met zijn hoofd met iets anders bezig en vergeet even zijn lichaam te gebruiken op de manier die hij net onder de knie had. Een 18 weken oude baby die zijn hoofdje al goed rechtop kon houden, kan dat bijvoorbeeld in de volgende sprong opeens niet meer. Er gebeuren dan ook meer fysieke ongelukjes net na of tijdens een sprongetje. Let daar goed op en wees in die tijd extra voorzichtig.

Een beentje optillen bij het verschonen, is dat 'helpen'?

Wanneer je baby het sprongetje van vloeiende overgangen heeft gemaakt (zo'n 12 weken na de uitgerekende datum), zul je merken dat hij zijn billen gaat optillen als je hem verschoont. Hij weet wat er gaat gebeuren en anticipeert hierop. Hoe lief dit ook lijkt, en hoe praktisch het ook is, het wil niet zeggen dat je baby jou bewust het leven gemakkelijker wil maken. Het 'helpen' om iemand blij te maken is een vaardigheid die hij nog niet beheerst. Dat doet hij pas als hij het sprongetje van 55 weken heeft gemaakt.

Optrekspelletjes

Je kunt vanaf de sprong die je baby 12 weken na de uitgerekende datum maakt, beginnen met optrekspelletjes, als je baby daaraan behoefte heeft en het lichamelijk aankan. Leg hem op zijn rug voor je neer, op schoot of op een kleed op de grond, en pak zijn handjes. Plaats zijn armpjes gestrekt en recht voor hem en nodig hem als het ware uit omhoog te komen tot zitpositie. Als je baby zich omhoog probeert te trekken aan jouw handen, kun je hem een beetje helpen. Als hij niets doet en geen poging waagt omhoog te komen, doe jij ook niets. Hij is er dan nog niet aan toe. Voorkom dat zijn hoofdje gekke, abrupte knikken maakt.

En dan... wil je baby niet meer stilliggen in de kinderwagen

Vrijwel elke kinderwagen heeft een wieggedeelte waarin de baby plat ligt, en een zitgedeelte waarin hij kan zitten en dus de wereld kan bewonderen. Je mag je baby met 6 maanden in het zitgedeelte gaan vervoeren. Je zult ook merken dat hij na de sprong van relaties (26 weken na de uitgerekende datum, ofwel 6 maanden) geen genoegen meer neemt met het liggen in de kinderwagen. Hij wil de wereld aanschouwen als hij buiten is. Kies daarom voor een kinderwagen die een zitgedeelte heeft die je in verschillende standen kunt gebruiken. Zet het zitgedeelte op de laagste stand. Zijn lichaampje kan dat aan als je niet al te lang wandelt, en je geeft hem voer voor zijn koppie door de buitenwereld te laten zien.

Je baby wil zitten, maar houdt het nog niet vol...

Sommige baby's zijn zo nieuwsgierig naar de buitenwereld dat ze er geen genoeg van krijgen, zelfs als ze hun lichaampje pijnigen door het continu willen zitten. Een wipstoel is ideaal voor hen. Kies een wipstoel die in verschillende standen gezet kan worden. Let bij het bepalen van de stand op het hoofdje van je baby. Als dit naar beneden zakt of opzij, moet je de wipstoel een standje meer richting ligpositie instellen. Stel de wipstoel regelmatig bij. Kijk voortdurend naar je baby en let steeds op de stand van zijn hoofdje.

Eerst naar achteren schuiven, dan kruipen!

Niet alle baby's schuiven eerst naar achteren voor ze naar voren leren kruipen. Als een baby de sprong van gebeurtenissen gemaakt heeft, is hij in principe in staat om gebeurtenissen waar te nemen en ook in zijn eigen lichaam te controleren en zo vaardigheden als kruipen onder de knie te krijgen. Hij zou dus kunnen gaan kruipen als hij dat wil. Maar dat komt niet zomaar uit de lucht vallen. Die vaardigheden moeten in dit geval letterlijk met vallen en opstaan geleerd worden. Alles wordt uitgeprobeerd. Je ziet de gekste dingen; naar achteren schuiven is daar een van. Dat duurt meestal niet lang. In bijvoorbeeld een week tijd zie je je baby allerhande variaties uitproberen. Als hij dan op het echte kruipen stuit, is het gauw gedaan en beperkt hij zich tot kruipen en laat de andere variaties weg. Maar zelfs als een baby het kruipen al 'ontdekt' heeft, dan nog kun je gekke fouten zien. Bijvoorbeeld een baby die wel al enige notie had van kruipen, maar toch nog zichtbaar twijfelde over welke hand (links of rechts) en welke knie (links of rechts) hij vooruit moest zetten. Toen hij tegelijkertijd de rechterhand en -knie vooruitzette, viel hij natuurlijk om. Met een nijdig geblèr tot gevolg. Twee dagen later kroop hij vlot.

Kruipen: wel of niet?

De meeste baby's kruipen een tijdje voor ze gaan lopen. Andere doen dit maar kort en sommige slaan het kruipen helemaal over. Ze verplaatsen zich bijvoorbeeld zittend of schuivend over de buik. Nog weer andere baby's schuiven alleen naar achteren en draaien zich dus eerst om, om dan naar voren te gaan. Er zijn aanwijzingen dat het goed is voor je baby om op de klassieke manier een tijdje rond te kruipen voor hij gaat lopen. Hij ziet kruipend de wereld vanuit een ander perspectief en dat is goed voor de ogen en het ruimtelijke inzicht. Je kunt je kind echter niet dwingen om op de klassieke manier te kruipen. Wel kun je hem aanmoedigen door kruipspelletjes met hem te doen en de omgeving zo te maken dat hij in staat is om te kruipen. Een ruwe vloer die pijn doet aan de knieën is niet uitnodigend, een koude vloer evenmin.

Blootsvoets, slofjes of schoenen

Schoenen zijn uitgevonden om onze voeten tegen kou, viezigheid en pijnlijke dingen te beschermen, maar ze bevorderen het lopen niet. Sterker nog, je baby leert zijn voetjes beter te gebruiken als hij blootsvoets loopt of antislipsokjes aanheeft. Binnenshuis is dat dan ook het beste. Er bestaan speciale slofjes die goed, soepel aansluiten en ervoor zorgen dat het voetje niet te koud wordt. Die kun je aanschaffen als de vloer te koud is. Schoenen schaf je pas aan als je dreumes buiten gaat lopen. Kies dan altijd voor goede schoenen. Bezuinigen kan op luxeproducten, maar niet op schoeisel. Zorg er altijd voor dat de schoen goede ondersteuning biedt en soepel is en dat zijn voetje erin kan groeien. Een goede schoenenzaak kan je hierover adviseren.

Het verband tussen IQ en fijne motoriek

Er bestaat een verband tussen het meetbare IQ (zie ook hoofdstuk 8, Intelligentie, p. 125) en de fijne motoriek. Ook al is er nog geen test om precies op jonge leeftijd al het IQ, EQ of andere vormen van intelligentie vast te stellen, er is wel aangetoond dat de mate waarin baby's goed of minder goed omgaan met de fijne motoriek, op latere leeftijd overeenkomt met respectievelijk een hoger of lager IQ. Dit verband is gevonden toen wetenschappers een groep van acht maanden oude baby's een Bayley-test afnamen en hierbij keken naar de mentale ontwikkeling, grove en fijne motoriek. Van deze drie bleek de fijne motoriek de beste indicator te zijn om het IQ op vierjarige leeftijd in te schatten.

Fijnmotorische ontwikkeling: zo leert je baby iets te pakken

Net als bij de grove motoriek is niet iedere baby hetzelfde en doet hij iets op een voor hem goede leeftijd. Niet eerder en niet later, mits hij daar natuurlijk de gelegenheid voor krijgt. Het 'pakken' is iets wat je baby al vrij snel gaat oefenen. Als hij het sprongetje van 19 weken – gebeurtenissen – heeft gemaakt, kan hij zijn handje zo sturen dat hij iets kan grijpen. Het verfijnde pakken moet hij dan nog leren. Om dit goed onder de knie te krijgen is hij nog maanden aan het oefenen. De tabel op pagina 55 geeft je inzicht in de ontwikkeling van het 'pakken'. Je vindt hier het vroegste moment waarop je baby iets kan gaan doen, en de gemiddelde leeftijd waarop baby's dit gedeelte van het pakken onder de knie hebben.

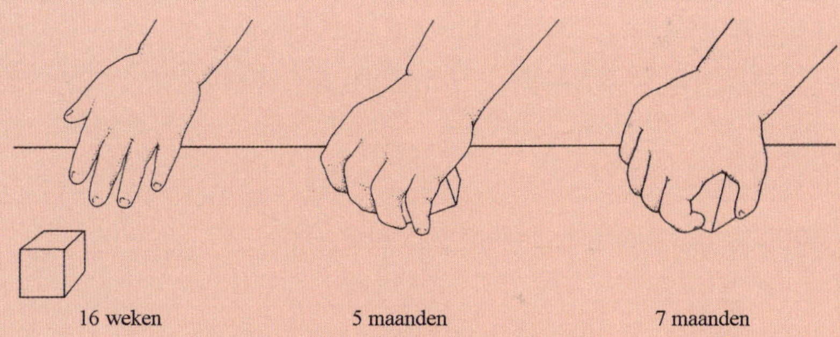

De ontdekking van de handjes

Je baby zal na het nemen van de tweede sprong, met 8 weken, ongetwijfeld opeens een keer verwonderd naar die dingen kijken die onder aan zijn arm zitten. Hij draait ze rond, fronst en draait ze nog een keer. Hij ziet dat zijn handen aan zijn lichaam zitten, maar heeft dan nog niet door wat hij ermee kan doen. Dat komt pas bij de derde sprong, vloeiende overgangen, die hij 12 weken na de uitgerekende datum maakt. Je zult dan zien dat je baby iets gaat proberen te pakken. Helemaal lukt dat nog niet, daar moet hij nog een sprong verder voor zijn. Pas na het nemen van de volgende sprong, gebeurtenissen, 19 weken na de uitgerekende datum, is hij mentaal in staat iets te gaan pakken. Hij heeft je hulp daar nog wel bij nodig.

Leren pakken door te 'schoppen' en te 'slaan'

Het slaan of schoppen tegen een speeltje is een van de voorlopers van het pakken ervan. Je baby is er duidelijk in geïnteresseerd en probeert met zijn hele lijfje bij het speeltje te komen. Het lukt hem alleen nog niet. Juist nu is bijvoorbeeld een babygym erg leuk. Vooral omdat je baby hiermee ook al iets kan bewerkstelligen door ergens tegenaan te slaan of te schoppen. Het speeltje hangt immers aan de babygym en daardoor beweegt het op en neer als je baby ertegenaan komt. Zijn inspanning heeft dus resultaat!

Help je baby iets te leren 'pakken'

Als je merkt dat je baby iets wil pakken, kun je hem helpen door het speeltje waarin hij geïnteresseerd is recht voor hem binnen zijn bereik te houden. Geef het in het begin een beetje aan. Door goed op je baby te letten zie je tot welk punt in het 'pakproces' hij het zelf kan. Het laatste stukje help je hem. Dat doe je bijvoorbeeld door het speeltje zo te draaien dat het beter in zijn handje past. Je zult merken dat je hem steeds minder hoeft te helpen.

Grijpen of handgebruik in zittende positie, en fijne handmotoriek

(A) Grijpen		
Gedrag	Gemiddelde leeftijd	Spreiding
Grijpt kubus met gestrekte ellepijp en palm (zie figuur p. 53 links)	3 maanden en 3 weken	2 – 7 maanden
Grijpt kubus met gedeeltelijke oppositie van de duim (zie figuur p. 53 midden)	Bijna 5 maanden	4 – 8 maanden
Grijpt kubus met complete oppositie van de duim (zie figuur p. 53 rechts)	Bijna 7 maanden	5 – 9 maanden

(B) Handvaardigheid		
Reikt naar object, met slechts één hand	Bijna 5½ maand	4 – 8 maanden
Draait pols	5 maanden en 3 weken	4 – 8 maanden
Combineert objecten midden voor zichzelf (lepels of kubussen)	8½ maand	6 – 10 maanden
Speelt 'handjeklap' midden voor zichzelf	9 maanden en 3 weken	7 – 15 maanden

(C) Vaardigheden met kleine propjes		
Probeert te bemachtigen	5½ maand	4 – 8 maanden
Schept op	6 maanden en 3 weken	5 – 9 maanden
Grijpt, gedeeltelijk met de vingers (inferieure pincetgreep)	7 maanden en 2 weken	6 – 10 maanden
Grijpt met precisiegreep (perfecte pincetgreep)	Bijna 9 maanden	7 – 10 maanden

Bron: *In the beginning* van J. Rosenblith (1992).

Het nut van alles uit elkaar halen en op de grond gooien

Wij denken bij het spelen met blokken aan het bouwen van een mooie toren, het opstapelen van blokken of het maken van iets anders. Je baby heeft nog niet door hoe hij iets moet maken. Om dat te kunnen moet hij eerst het sprongetje van programma's maken (55 weken na de uitgerekende datum). Voor die tijd experimenteert hij met de losse onderdelen en dat wat je daarmee kunt bereiken. Geef toe, het is toch grappig om te zien dat een toren die iemand heeft gebouwd om kan vallen, te horen hoe alles op de grond klettert en vervolgens te zien hoe iemand over de grond schuifelt om alles op te rapen? Het (laten) vallen van dingen interesseert hem extra omdat het goed inspeelt op de sprong van 19 weken, die van gebeurtenissen. Een vallend blok is zo'n gebeurtenis. Dit is dus geen destructief gedrag en het betekent ook niet dat er iets aan de hand is met je baby's fijne motoriek die nodig is om blokken netjes te kunnen stapelen. Als hij de sprong van programma's heeft gemaakt, zul je zien dat hij ineens wel gaat bouwen en blokken op elkaar weet te zetten. Hiermee oefent hij ook zijn fijne motoriek. Hij leert zijn handje zo te sturen dat het ene blokje precies op het andere past.

Met dit speelgoed oefent je baby de fijne motoriek

Eigenlijk is al het speelgoed met knoppen of gaten waar iets in kan, voor je baby geschikt om de fijne motoriek te oefenen. Denk aan puzzels, blokken of activity centres. Maar niet alleen speelgoed dat je koopt, is hiervoor geschikt, ook je huisraad kan hem erg boeien. Geef hem eens een bakje met een lepel en laat hem daarin roeren. Of vraag hem de pagina van een boek om te slaan. De fijne motoriek is zo in ons leven verweven dat je dit overal mee kunt oefenen. Het gaat er dan ook meer om hoe je het oefent met je baby dan waarmee.

Erg belangrijk is dat je de bewegingen goed, duidelijk en rustig voordoet. Een knopje indrukken, bijvoorbeeld, is voor ons niets bijzonders. Voor je baby is het hard werken: hij moet snappen dat hij één vinger gebruikt in plaats van zijn vuist en hij moet die vinger heel precies sturen. Als jij voordoet hoe het moet, leert hij het een stuk sneller en beter onder de knie te krijgen. Doe de dingen altijd op zo'n manier voor dat je baby ziet wat er gebeurt en hoe jij je hand gebruikt. Geef hem complimentjes voor zijn pogingen, ook al lukt het niet. Moedig hem aan.

Zorg er ook voor dat het spelletje dat je baby speelt niet te moeilijk is voor hem. Test bijvoorbeeld eerst de knoppen van een speeltje in de winkel voor je het koopt. Sommige knoppen gaan te stroef en zijn bijna niet in te drukken. Ook al is dit speelgoed voor baby's gemaakt, geschikt is het niet. Kies liever een ander speeltje uit waarvan hij de knoppen wel goed kan indrukken.

3

Slapen

Rusten, diepe slaap, slaappatroon, dromen en verwerken

Je baby groeit mentaal en fysiek erg veel in het eerste jaar. Hij heeft zijn slaap hard nodig. Toch gaat het slapen niet altijd vanzelf. Nachten loop je als ouder tussen je eigen bed en dat van je baby in te drentelen in de hoop dat je die nacht nog een paar uur je ogen dicht kunt doen. Maar nu het goede nieuws: je baby slaapt niet voor niets op zo'n andere manier dan wij dat doen. Die korte slaapjes, dat wakker worden, dat 'gekke' ritme... het hoort allemaal bij een gezonde ontwikkeling!

Wat zijn slaapproblemen?

Laten we het maar meteen zeggen: je baby heeft geen problemen met de manier waarop hij slaapt. Wij volwassenen hebben daar problemen mee. Je baby slaapt met een reden korter en lichter en wordt dus vaker wakker dan wij. Met een reden laat hij dan van zich horen en wil hij jou weer zien en voelen. Zijn slaapritme én zijn slaapcyclus verschillen enorm van die van ons. En aangezien wij juist die lekker lange nacht slaap nodig hebben om goed te functioneren, ontstaan er dan 'problemen'. Problemen voor ons, niet voor je baby! Ergens is dat een geruststelling, en aan de andere kant juist ook weer niet. Toch zul je merken dat wanneer je het slaap-waakritme en de slaapcyclus van je baby begrijpt, je makkelijker tot een oplossing van (jouw) slaapproblemen kunt komen die bij jouw gezin, jouw leefomstandigheden en jouw manier van leven past.

Het slaap-waakritme

Het slaap-waakritme is een van de talloze dag-nachtritmes die wij als mensen kennen. Op een heleboel manieren past je lichaam zich namelijk met behulp van zijn biologische klok aan de licht-donkercyclus op aarde aan. Zo maak je 's nachts minder urine aan dan overdag. Je hartslag is lager in de nacht dan overdag. Je lichaamstemperatuur is iets lager 's nachts dan overdag. Je maakt in de nacht (gelukkig!) minder stresshormoon aan. Wel maak je 's nachts meer melatonine aan, het slaaphormoon dat ervoor zorgt dat je ontspant en doorslaapt. Al deze dingen zijn voorbeelden van de verschillende dag-nachtritmes die we hebben. Het slaap-waakritme is er daar slechts een van. Zonder deze verschillende dag-nachtritmes kunnen we niet slapen zoals wij, volwassenen, doen. Maar... je pasgeboren baby bezit deze dag-nachtritmes nog niet. Hij kán dus nog niet slapen op de manier zoals wij dat doen!

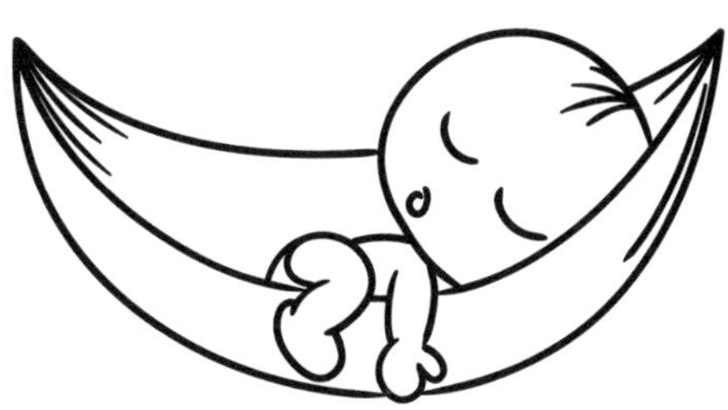

Het slaap-waakritme in beeld

In de grafische weergave hierna zie je prachtig afgebeeld hoe baby's slapen. Zwart staat voor slaap, wit voor wakker zijn. De eerste weken zie je dus een en al chaos. Je baby slaapt en is wakker verspreid over een heel etmaal. Dat is logisch nu je weet dat de biologische processen van het slaap-waakritme simpelweg nog niet aanwezig zijn.

Het valt op dat tussen de zesde week en de veertiende week de periodes van wakker zijn een beetje lijken op te schuiven. Als je dit nog specifieker bekijkt, zul je zien dat baby's van die leeftijd meer op een klok van 25 uur dan 24 uur leven! Ook dit is logisch als je weet dat de biologische klok van je baby rond deze tijd gewoon nog niet af is.

Uit dit schema kun je ook aflezen dat baby's rond 15 weken een vaster slaapschema gaan volgen. Vanaf dat moment kun je dus vrij goed inschatten wanneer je baby gaat slapen.

Een nog belangrijkere conclusie trek je uit de kleine witte vlekjes in de zwarte banen die ontstaan vanaf 15 weken. De witte vlekjes staan voor wakker zijn. Het is dus heel normaal dat een baby regelmatig wakker wordt 's nachts! Ook al is het maar kort, je baby is wel wakker. Voor hem geen probleem: hij slaapt daarna gewoon meteen weer lekker door. Voor jou is het echter anders. Die kleine witte stipjes zijn eigenlijk een weerspiegeling van de slaapproblemen die wij hebben als we een baby hebben: die paar minuutjes eruit, wakker worden, voeden, verschonen. Heel normaal voor je baby, maar heel zwaar voor ons.

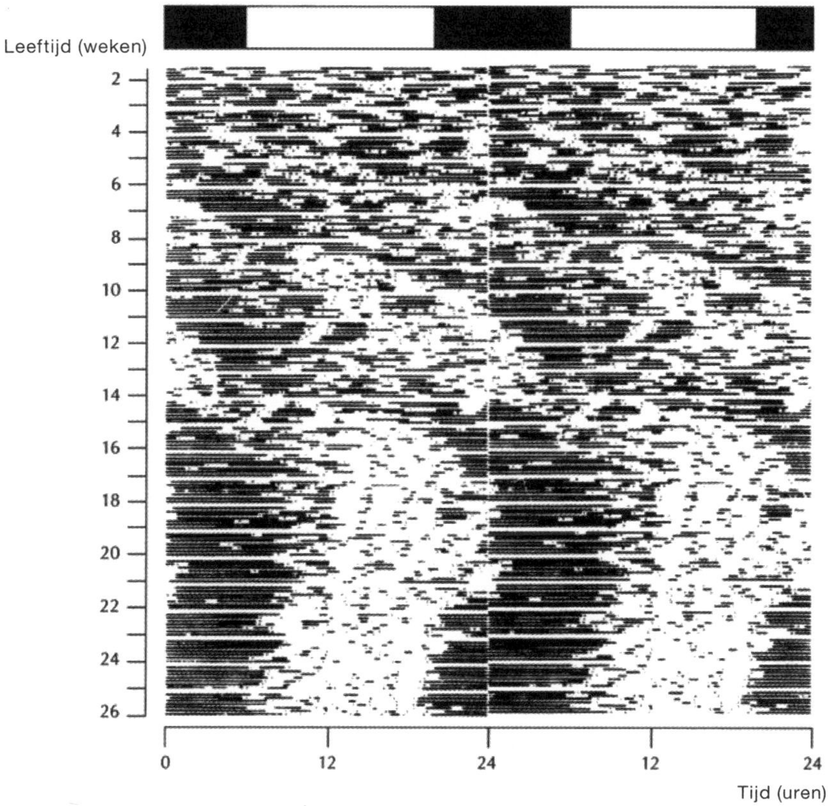

Bron: *Sleep characteristics of infants*, N. Kleitman & T.C. Engelmann (1953).

SLAPEN

Goed en handig om te weten:

Pasgeboren baby: vertoont nog helemaal geen dag-nachtritmes en het slaap-waakritme is dus chaotisch.

Geboorte tot 6 weken: je baby verspreidt zijn slaapjes over de 24 uur van het etmaal. Je merkt dus geen verschil in de uren en tijden dat hij overdag slaapt of 's nachts slaapt.

1 week: het dag-nachtritme van je baby's lichaamstemperatuur ontstaat. Om een goed slaap-waakritme te kunnen krijgen, heeft je baby eerst dit dag-nachtritme van de lichaamstemperatuur nodig. Je zou het lichaamstemperatuur-dagnachtritme als een mal kunnen zien voor het ontstaan en de ontwikkeling van een slaap-waakritme.

6 weken: je baby krijgt nu de eerste grondbeginselen van een waakritme. Er is nog geen sprake van een slaapritme. Het waakritme ontwikkelt zich dus eerder dan het slaapritme!

2 maanden: je baby begint nu de allereerste voorlopers van een slaap-waakritme te ontwikkelen. Dat wil niet zeggen dat jij dat al meteen merkt, maar het is wel fijn om te weten; ook het nachtritme is biologisch gezien begonnen aan het ontwikkelingsproces!

3 maanden: de tijd dat je baby overdag slaapt, wordt nog minder en de tijd dat je baby 's nachts slaapt, neemt toe.

3-6 maanden: er begint zich steeds meer een patroon te ontwikkelen in de aanmaak van melatonine in de nacht. Ook is er vanaf nu een verschil in de niveaus van het stresshormoon cortisol te meten tijdens de nacht en overdag.

De mythe: een baby slaapt de hele nacht door

In de eerste maanden huilt 95 procent van de baby's als ze 's nachts wakker worden en hebben dan papa of mama nodig. Van de acht maanden oude baby's is 60 tot 70 procent in staat zichzelf weer in slaap te krijgen. De meeste ouders denken dat hun zes maanden oude baby 's nachts doorslaapt, en veel ontwikkelingsdeskundigen zien het 'doorslapen' als een bekende mijlpaal. Toch klopt het niet. Uit onderzoek met een verborgen camera blijkt dat baby's wel degelijk wakker worden, maar dat ze zonder te huilen ook weer zelfstandig opnieuw in slaap vallen. Bijna geen enkel kind jonger dan twaalf maanden slaapt zonder onderbreking de hele nacht door. Alle kinderen worden wel één tot drie keer wakker. Dat wakker worden begint meestal na vier uur slaap.

Inzicht in de slaapcyclus

Een slaapcyclus bestaat uit een deel met non-remslaap gevolgd door een deel met remslaap. Rem staat voor 'Rapid Eye Movement', de ogen bewegen dan heen en weer achter de gesloten oogleden. Grofweg kun je zeggen dat de non-remslaap de niet-actieve, diepe slaap is en de remslaap de actieve, lichte slaap. Tijdens de non-remslaap ontspan je en tijdens de remslaap verwerk je. Let wel, dit is natuurlijk gesimplificeerd, maar in essentie is dit wel waar het om gaat. Wij volwassenen brengen verreweg het grootste deel door in de non-remslaap, de diepe slaap. Een baby verkeert vooral in de remslaap. Daarom slaapt je baby dus lichter dan wij dat doen en komt dat op ons onrustiger over. Tijdens een nacht komen een paar slaapcyclussen voor, dit geldt zowel voor volwassenen als voor baby's. Tussen twee slaapcyclussen kun je even wakker worden en dan de volgende slaapcyclus in gaan, of je kunt meteen van de ene slaapcyclus overgaan in de volgende zonder wakker te worden. Baby's worden meestal wakker tussen twee slaapcyclussen in. Een ander groot verschil tussen de slaapcyclus van ons en die van onze baby is de lengte. Onze slaapcyclus duurt veel langer dan die van een baby. Je baby wordt dus vaker wakker.

Het belang van de remslaap

Steeds meer onderzoek toont aan dat de bloedtoevoer naar de hersenen bijna verdubbelt tijdens de remslaap. Het lijkt er dus op dat er tijdens dit gedeelte van de slaap extra hersenstimulatie is en er veel hersenconnecties aangelegd worden. Die remslaap is dus ongelooflijk belangrijk voor de mentale ontwikkeling van je baby.

Slaap en de mentale ontwikkeling van baby's

Door veel dingen te leren en te ontdekken vraagt je baby veel van zijn lijfje en dus ook van zijn hersenen. De hersenen, waar de mentale ontwikkeling plaatsvindt, zijn natuurlijk ook een onderdeel van dat lichaam. Dat heeft naast eten dus ook rust nodig. Als je baby voldoende slaap krijgt, zal hij gemakkelijker nieuwe dingen leren en ontdekken.

Wat is voldoende slaap?

Niet ieder mens is gelijk en heeft hetzelfde aantal uren slaap nodig. Dat hangt namelijk af van de tijd die onze hersenen en ons zenuwstelsel nodig hebben om uit te rusten. Dat geldt ook voor je baby, dreumes en peuter. Natuurlijk bestaan er wel gemiddelden. Een baby in de buik slaapt gemiddeld 23 van de 24 uur. Kort na de geboorte slaapt de gemiddelde baby ongeveer 16 uur per dag. De slaapduur varieert evenwel van 10 tot 23 uur! Je zou je dus af kunnen vragen of die gemiddelden wel belangrijk zijn om te weten. Ze zeggen immers niks over jóúw baby! Ook al hebben we je hier dus een rijtje met een aantal gemiddelden gegeven, het liefst zouden we zeggen: vergeet ze. Laat jouw baby sturend zijn in zijn unieke slaapbehoefte.

Minder slapen tijdens sprongetjes

Je baby's wereldje verandert opeens helemaal als hij een sprongetje maakt. Hij heeft er niet om gevraagd en heeft er geen invloed op, maar ineens ziet alles er anders uit. Hij raakt van slag en dat zie je ook aan zijn slaappatroon. Iedere baby reageert daar anders op. De een slaapt vrijwel niet meer, de ander slaapt minder 's nachts en meer overdag en nog een ander probeert in slaap te komen maar kan het niet. Verreweg de meeste baby's slapen korter en 'onrustiger' tijdens een sprongetje. Er zijn echter ook baby's die tijdens een sprongetje gewoon slapen zoals ze altijd slapen. Dat zijn er helaas niet veel. Als je weet wanneer je baby in een sprongetje zit, is het ook makkelijker om om te gaan met het moeilijkere slapen van je baby. Je weet dan dat het erbij hoort en dat stelt gerust.

Help je baby zo goed mogelijk de slaap te vatten tijdens een sprongetje

Je kunt je baby niet met een toverformule in slaap krijgen. Was dat maar waar! Wel kun je hem helpen door hem de kans te geven alle nieuwe indrukken van dat sprongetje te verwerken. Doe het in de dagen dat je baby een sprongetje maakt wat rustiger aan. Stel drukke dingen even uit en ontlast hem een paar dagen. Misschien kost dit een beetje meer geschuif in je agenda, maar op de lange termijn ondervindt je baby – en daarmee jijzelf – hier de rust van.

Denk ook aan jezelf

Als je baby niet slaapt, zul je daar zelf de gevolgen van voelen door het gebrek aan diepe slaap. De een is hier gevoeliger voor dan de ander. Als je merkt dat je overdag zo moe bent dat je dit bijna gaat afreageren op je baby, die jou juist dan zo nodig heeft, doe je er verstandig aan toch op de een of andere manier aan je rust toe te komen. Laat de boel even de boel en pak even een uurtje slaap overdag als je baby ook slaapt. Of vraag je partner een nacht naar hem toe te gaan als hij wakker wordt. Je kunt, als je borstvoeding geeft, 's avonds alvast afkolven.

Slaap: een verdedigingsmechanisme als het druk is?

Sommige baby's houden niet van een al te grote groep mensen. Ze sluiten hun ogen en vallen in slaap of 'spelen' onbewust dat ze slapen. Veel ouders vinden dat vervelend. Ze willen graag die lieve lach en prachtige ogen aan hun vrienden laten zien. Toch is het niet verstandig je baby wakker te maken als hij aangeeft dat hij liever slaapt. Je zult merken dat hij, als hij wat ouder is, echt wel graag in een groep met mensen is en dan kan iedereen zien hoe fantastisch hij eruitziet.

Van rustmoment tot hazenslaapje

Je baby is vooral geïnteresseerd in nieuwe dingen. Alles wat hij nieuw kan doen of kan leren na het maken van een sprongetje is erg boeiend voor hem. Zo boeiend dat hij er helemaal in opgaat en het even al zijn energie kost. Vaak draait hij zijn hoofdje weg als het spel hem zo veel energie kost dat hij even bij moet komen. Dat is voor jou een teken dat hij een moment rust wil hebben. Na een korte pauze gaat hij weer verder en zo gaat dit even door, tot je zijn ogen weg ziet draaien en de moeheid overgaat in een kort hazenslaapje. Daarin verwerkt hij alles wat hij net heeft meegemaakt.

Het verschil in slapen tussen jongens en meisjes

Uit onderzoek blijkt dat jongens tot zes maanden meer slaap nodig hebben dan meisjes. Vanaf zes maanden draait dat om en hebben meisjes meer slaap nodig dan jongens. Dat blijft de rest van het leven zo. Bij wat oudere kinderen kunnen meisjes over het algemeen hun droom beter navertellen dan jongens. Ze dromen echter net zo vaak.

Als je baby slaapt… stil zijn of juist niet?

Je hoeft niet extra stil te zijn als je baby slaapt. In je buik heeft hij alle gewone huisgeluiden al gehoord en is hij eraan gewend geraakt. Zou je extra stil zijn, dan mist hij misschien wat en blijft of wordt hij juist wakker. Extra lawaai maken moet je natuurlijk ook niet doen. Gewoon doen wat je anders ook doet.

Droomt een baby?

Wat dromen precies is en waardoor het komt dat we dromen is eigenlijk voor iedereen nog een raadsel. We weten wel in welke fase van de slaap mensen dromen. Dat is niet in de diepe slaap, maar in de droomslaap, de remslaap. Dit staat voor Rapid Eye Movement. Deze fase van slapen wordt zo genoemd omdat dan de ogen heel snel bewegen. Juist omdat een jonge baby langere periodes van droomslaap heeft dan volwassenen, lijkt het dus logisch dat je baby ook meer droomt. Of dit daadwerkelijk zo is en of hun dromen te vergelijken zijn met de onze is moeilijk te zeggen. Soms zie je als ouder gewoon dat je baby droomt, op een fijne of nare manier. Het is en blijft echter de vraag of zij ook echt ‘verhalen’ dromen, of dat ze dromen over basisgevoelens en emoties.

Baby's en nachtmerries

Vanaf de sprong van relaties (26 weken na de uitgerekende datum, ofwel 6 maanden) merken veel ouders dat hun baby onrustig slaapt en druk beweegt tijdens de slaap. Het lijkt er dus op dat baby's dan een nachtmerrie hebben. Sommige ouders merken dit al met 4 maanden. Nachtmerries kunnen – net als bij volwassenen – altijd voorkomen, maar doen zich het meest voor als we gestrest zijn. Je baby zal dus vaker een nachtmerrie hebben als hij een sprongetje maakt.

Wakker maken of troosten bij nachtmerries?

Je zult merken dat je baby vanzelf wakker wordt als de droom hem echt te veel wordt. Je hoeft hem hiervoor niet wakker te maken. Troost hem wel heel intens als hij wakker wordt. Voor hem is een nachtmerrie nog eens extra eng. Als we wakker worden na een nachtmerrie weten wij onszelf gerust te stellen en beseffen we dat het maar een droom was. Je baby heeft dat vermogen nog niet. Hij heeft je dan echt nodig. Even iemand dicht bij hem voelen die troost kan bieden.

Sommige baby's gunnen zichzelf geen slaap

Sommige baby's zijn van nature zo gedreven om dingen onder de knie te krijgen dat ze zichzelf geen rust gunnen voordat het gelukt is. Je ziet dit gedrag al op vrij jonge leeftijd. Deze baby's staan zichzelf niet toe te slapen voor hun doel bereikt is. Ze eisen veel van zichzelf, en van jou. Op zich is dit een eigenschap die hun later vast nog goed van pas komt, maar op jonge leeftijd moet je deze kinderen soms tegen zichzelf beschermen. Leg de nadruk op het proberen van iets. Geef hem complimentjes over zijn pogingen, los van het eindresultaat. Op die manier leid je je baby af. Als je merkt dat hij echt te veel van zichzelf eist, las je een pauze in. Haal hem eventjes weg uit die uitdagende omgeving en breng hem in contact met iets rustigers. Ga bijvoorbeeld samen een boekje lezen.

Richtlijnen voor slaaprituelen

Je kunt alles doen wat je wilt om je eigen gezellige en ontspannen slaapritueel te maken. Alles mag, zolang het maar rustig is en jij je baby de kans geeft die rust te voelen. Een boekje lezen, in bad, wiegen, het kan allemaal. Spreek met je partner af welke dingen jullie elke avond doen zodat jullie beiden hetzelfde ritueel toepassen. Zo'n strak afgesproken stramien lijkt voor ons heel erg saai, je baby houdt zich er echter aan vast. Het sterkt hem deze situatie te begrijpen. Zorg er ook voor dat jij ontspannen bent als je je baby in bed legt. Een kind is nog veel gevoeliger dan een volwassene. Hij voelt het als jij gestrest of gehaast bent. Neem dus rustig de tijd om je baby in bed te leggen. De rust die je uitstraalt, zal ervoor zorgen dat je baby sneller slaapt en dat hij op een prettige manier gaat slapen. Het heeft natuurlijk pas zin om een slaapritueel in te stellen als jouw baby een goed nachtritme heeft.

Een knuffel mee in bed: wel of niet doen?

Een knuffel is gezellig, leuk en biedt houvast. Daar is niets op tegen. Forceer de knuffel alleen niet. Geef je dreumes niet, enkel omdat het zo schattig is, altijd maar zijn knuffel aan als hij naar bed gaat. Door dat wel te doen, geef je hem de boodschap dat hij niet zonder knuffel kan slapen en dat is geen juiste boodschap. Als je kind om zijn knuffel vraagt, geef je die. Vraagt hij er niet om, geef je hem niet!

De fysieke en mentale groei tijdens de slaap

Soms heb je als ouder het idee dat je baby groter is geworden terwijl hij sliep. Een beetje waar is dat wel, alhoewel deze groei eigenlijk niet meetbaar is. Als je slaapt, maak je in de hypofyse, het gedeelte van de hersenen dat aanzet tot hormoonproductie, het groeihormoon aan. Dat groeihormoon zorgt voor lichamelijke groei.

Sprong 5: Opeens wil je baby niet meer dat je de kamer uit gaat als hij gaat slapen

Als je baby het sprongetje van relaties heeft gemaakt, bij ongeveer zes maanden, snapt hij opeens dat jij weg kunt gaan, zonder hem mee te nemen. Hij snapt dat deze situatie (in bed liggen) betekent dat jij niet bij hem bent en dat dit lang gaat duren. Hij raakt van slag en toont dat. Hij wil niet meer dat je weggaat, terwijl dat hiervoor geen probleem was. Die nieuwe angst komt door het begripsvermogen dat hij er bij dit sprongetje bij heeft gekregen. Laat hem zien dat je hem snapt. Blijf gewoon even bij hem zitten of ga aan de andere kant van de kamer zitten, waar hij jou nog kan zien. Door respect te hebben voor zijn angsten en hem op die manier te laten zien dat je er voor hem bent, gaan zijn angsten eerder over.

4

Huilen

Rustig worden, troosten,
verwerken, communicatie

Je ziet je baby het liefst de hele dag lachen en vrolijk zijn, maar helaas is dat niet altijd zo. Iedere baby huilt en iedere ouder vraagt zich af waardoor dat komt en begint te twijfelen. Je wilt je baby troosten en zoekt de juiste manier om dat te doen. Als je alle trucs uit de kast hebt gehaald en hij eindelijk rustig wordt, slaak je een zucht van verlichting... Het hoort er allemaal bij.

Daarom huilt je baby

Je baby heeft maar een paar manieren om jou iets duidelijk te maken. Hoe jonger hij is, hoe beperkter zijn mogelijkheden. Per sprong die hij maakt, is hij beter in staat te communiceren, zowel verbaal als non-verbaal. Voordat hij jou écht kan vertellen wat er aan de hand is, zul je op zijn huilen en lichaamstaal moeten afgaan. Als je baby huilt, geeft hij aan dat hij om de een of andere reden niet lekker in zijn vel zit. Het wil dus niet zeggen dat hij verdrietig is.

De meest voorkomende oorzaken dat baby's huilen zijn:

- ✓ ziekte of pijn;
- ✓ sprongetje in de mentale ontwikkeling;
- ✓ honger;
- ✓ frustratie;
- ✓ verveling;
- ✓ gebrek aan rust, reinheid en regelmaat;
- ✓ verwerking van de dag.

Zo weet je waarom je baby huilt

Als ouder leer je heel snel de verschillende soorten huilgeluiden van je baby kennen. Je zult verbaasd staan hoe jullie na enkele weken samen al weten wat je baby wil als hij op een bepaalde manier huilt. Toch blijven er altijd huilpartijen komen waarvan je bijna radeloos wordt. Gewoonweg omdat het je pijn doet je baby te horen huilen en je er maar niet achter kunt komen waarom.

Ga dan het volgende na:

- ✓ Merk je dat hij ziek is (koorts heeft) of ergens pijn heeft? Vooral bij een jonge baby is pijn soms moeilijk vast te stellen. Signalen zijn bijvoorbeeld het overmatig trekken van het lichaam naar één kant of het overmatig samentrekken of overstrekken van bepaalde spiergroepen. Darmkrampjes zijn zo'n vorm van pijn waarbij je ziet dat je baby zijn beentjes enorm gaat strekken of dat hij met zijn beentjes begint te schoppen.
- ✓ Als je baby een sprongetje in zijn mentale ontwikkeling maakt, staat zijn hele wereld op de kop. Hij is van slag en het is dus logisch dat hij op die dagen meer en langer huilt. Ook kan het zijn dat je baby op een andere manier huilt dan normaal. Gelukkig kun je zelf berekenen wanneer hij een sprongetje maakt en kun je dus ook vrij eenvoudig bepalen of dit huilen daarmee te maken heeft.
- ✓ De spijsvertering van je baby, vooral als hij heel jong is, is heel anders dan die van ons. Borstvoeding is bijvoorbeeld zo licht verteerbaar dat hij vrij snel weer honger heeft. Dit is ook een van de redenen waarom voeden op aanvraag veel beter is dan voeden volgens vaste tijdsschema's. Het huilen van honger van een borstbaby is dan ook snel opgelost als

je hem aanlegt. Flesvoeding is minder licht verteerbaar en deze baby's hebben dus niet zo snel weer honger na het drinken van een fles. Het wordt pas moeilijker je baby's honger te stillen als hij niet goed genoeg zuigt aan de borst of fles. (Zie ook hoofdstuk 5, Eten en drinken, p. 91.)

✓ Je baby kan gefrustreerd zijn, hoe jong hij ook is. Het is een misverstand dat je eerst een volwassenere vorm van bewustzijn moet hebben om gefrustreerd te raken. Frustratie betekent dat er botsende belangen of processen plaatsvinden in de hersenen, waardoor iemand een onrustig, belemmerd gevoel krijgt. Een baby kan gefrustreerd raken omdat het hem niet lukt jou iets duidelijk te maken, of omdat hij zelf niet weet waarom hij dat gevoel heeft. Als ouder kun je deze frustratie vaak wegnemen door heel goed op je baby te letten. Kijk naar wat hij leuk vindt en wat hem interesseert en je weet waarmee je hem kunt afleiden. Iedere baby is anders, dus bij iedere baby zul je opnieuw moeten gaan zoeken naar deze dingen. Hoe meer tijd je met je baby doorbrengt, des te gemakkelijker dit wordt. Nog belangrijker dan tijd is interactie. Hoe meer jij met hem omgaat, des te beter je hem leert kennen. Als je uren naast de box zit maar niets zegt of doet met je baby, leer je hem niet kennen en zul je ook niet goed in staat zijn hem te helpen of te herkennen waarom hij gefrustreerd is. Laat staan dat je dan in staat bent hem af te leiden.

✓ Je baby kan zich vervelen. Van nature is de ene baby veeleisender dan de andere. Het woord 'veeleisend' heeft een negatieve klank, eigenlijk is het dus geen goed woord. Een veeleisende baby wil veel van de wereld, wil veel zien, meemaken, horen, voelen. Kortom, hij vraagt meer energie en actie van jou dan een minder eisende baby. Deze baby's hebben over het algemeen een pittig karakter. Als je als ouder je baby de prikkels, aandacht en ervaringen geeft waaraan hij behoefte heeft, zul je merken dat hij dat enorm waardeert en niet meer gaat huilen uit verveling.

- Vroeger werden baby's opgevoed aan de hand van de drie R'en: rust, reinheid en regelmaat. Inmiddels weten we dat we daar niet op een extreme mate aan moeten vasthouden. We weten bijvoorbeeld dat extreme hygiëne helemaal niet goed is. Je baby's immuunsysteem wordt immers alleen maar sterker als hij af en toe in contact komt met dagelijkse bacteriën. Toch zit er wel degelijk een waarheid in de drie R'en. Als je baby last heeft van een vieze luier, kan hij daardoor gaan huilen. Vooral in de andere twee R'en zitten vaak oorzaken van huilen verscholen. Je baby leert, groeit en ervaart meer in zijn eerste levensjaar dan in elk ander jaar daarna. Door alle indrukken die hij opdoet, heeft hij rust gewoon broodnodig. Als je hem een bepaalde regelmaat biedt, geef je hem betere handvatten om al deze indrukken te verwerken. Want wanneer je alles steeds op een andere manier doet, wordt het voor hem nog extra chaotisch. Je schept overzicht door regelmaat in te bouwen. Dat overzicht zorgt weer voor rust. En regelmaat is niet alleen belangrijk voor een jonge baby, maar voor iedereen. Als je baby zich tot dreumes ontpopt en daarna tot peuter, heeft regelmaat inbouwen een positieve uitwerking op de drambuien en bijbehorende huilpartijen waar je ongetwijfeld mee te maken krijgt. (Zie ook hoofdstuk 9, Opvoeding, p. 141.)

- ✓ Je baby doet heel veel indrukken op, elke dag opnieuw. Soms uit zich dat in een huiluurtje. Hij huilt, ogenschijnlijk zonder reden, en als ouder kun je niets doen wat het huilen vermindert. Wat je wél kunt doen is je baby laten merken dat je er voor hem bent. Kijk of hij het fijn vindt om bij jou op schoot te huilen. Let daarbij op zijn lichaamstaal. Als hij fijn tegen je aan ligt, betekent dat dat hij troost in jouw nabijheid vindt, ook al blijft hij huilen. Andere baby's willen juist even alleen zijn, of bij je in de buurt liggen maar niet tegen je aan. De enige die jou dat kan laten merken is je baby en de enige die kan uitvinden hoe hij zich beter voelt, ben jij. Experimenteer en bedenk dat zo'n huiluurtje echt heel normaal is.

Wanneer is een baby een huilbaby?

Baby's die langer dan drie uur per dag huilen gedurende meer dan drie dagen per week in een periode die langer duurt dan drie weken, noemen we huilbaby's. Een huilbaby hebben is voor ouders erg zwaar. Om na te gaan of jouw baby inderdaad een huilbaby is, kun je het volgende schema invullen. Per dagdeel houd je bij hoeveel uur en minuten je baby huilt en hoeveel hij slaapt. Misschien stel je vast dat het alleen lijkt dat hij uren per dag huilt, en valt het eigenlijk best wel mee als je echt op de klok kijkt en het schema invult. Dat komt heel vaak voor. Huilen is niet leuk voor baby en ouder en daarom lijkt de tijd dan langzamer te gaan. Als je het schema een week hebt ingevuld en je ziet dat je baby voor deze week inderdaad aan de huiluren van een huilbaby komt, vul je het schema de volgende twee weken ook in. Blijft het huilgedrag zo dat je baby echt een huilbaby is, neem dan contact op met je huisarts of het consultatiebureau.

maandag	nacht	ochtend	middag	avond
slaapt				
wakker				
– huilen				
– krijsen				

dinsdag	nacht	ochtend	middag	avond
slaapt				
wakker				
– huilen				
– krijsen				

woensdag	nacht	ochtend	middag	avond
slaapt				
wakker				
– huilen				
– krijsen				

donderdag	nacht	ochtend	middag	avond
slaapt				
wakker				
– huilen				
– krijsen				

vrijdag	nacht	ochtend	middag	avond
slaapt				
wakker				
– huilen				
– krijsen				

zaterdag	nacht	ochtend	middag	avond
slaapt				
wakker				
– huilen				
– krijsen				

zondag	nacht	ochtend	middag	avond
slaapt				
wakker				
– huilen				
– krijsen				

Het 'huiluurtje'

Het huiluurtje is het gevolg van de rijping van het zenuwstelsel. Een rijping die de baby in staat stelt om zijn hazenslaapjes te verruilen voor een langere slaapperiode. Die rijping gaat met sprongen, maar deze sprongen zijn niet dezelfde sprongen als die van de mentale ontwikkeling. De eerste sprong in deze rijping maakt hij als hij zo'n drie tot vier weken oud is. Maar pas als een baby twaalf weken is, kun je ervan uitgaan dat hij drie uur achter elkaar zal slapen. Als je baby moeite heeft met deze verandering van slaappatroon, zal hij dat uiten in een huiluurtje.

Het huiluurtje kan een bevrijding zijn

De overgang naar een nieuw slaapritme is moeilijk (zie hoofdstuk 3, Slapen, p. 59). Voordat je baby twaalf weken oud is, heeft hij zijn nieuwe slaapcyclus eigenlijk nog niet helemaal onder de knie. Zijn zenuwstelsel is immers nog aan het rijpen. En zolang dat nog niet uitgerijpt is, doen zijn 'diepe' en 'lichte' slaap hun werk nog niet altijd zo goed. Wat gaat er dan fout? In de 'lichte' slaap verwerk je wat je die dag allemaal hebt meegemaakt. Je baby doet dat op zijn manier ook. Maar zolang hij zijn nieuwe cyclus nog niet onder de knie heeft, krijgt hij geen kans om alles te verwerken wat hij te verwerken heeft. En hierin zit dus het probleem. In het eerste slaapje van die dag verwerkt de baby veel, maar er blijft nog een restje 'onverwerkt' over. Als hij de volgende keer gaat slapen gebeurt hetzelfde. En de volgende keer weer. Aan het eind van de dag barst hij van de opgepotte en onverwerkte zaken. Tegelijkertijd worden de slaap- en waakperiodes over de dag steeds korter. Alles raakt uit balans. Dan komt de knal: het huiluurtje. Het klinkt gek, maar het huiluurtje is een 'bevrijding' voor je baby. Het is als een medicijn van Moeder Natuur om weer in balans te komen. Doordat je baby kan uitrazen, kan hij de opgepotte indrukken en emoties van die dag alsnog verwerken. Hij kan er weer 24 uur tegenaan.

Huiluurtjes gaan over

Tussen de drie en twaalf weken na de geboorte krijgen veel kleintjes en hun ouders te maken met een dagelijks huiluurtje. De grootste kans hierop is als de baby zes weken oud is. Meestal kunnen ouders voorspellen of hun baby een huiluurtje zal krijgen. Want voordat zo'n uurtje een dagelijks feit is, is 85 procent van de baby's al ongedurig. Dat ongedurig zijn is het signaal dat je kind afgeeft als alles nog rustig lijkt. Meestal is het huilen na een of twee uurtjes wel over. Toch kan het ook weleens vier tot zes uur duren. Gelukkig is er ook goed nieuws te melden: als de huiluurtjesperiode eenmaal verleden tijd is, slaapt de baby meestal langer en beter. Bovendien is hij dan ook duidelijk beter uitgerust als hij wakker is.

Troosten: superbelangrijk

Je baby weet zelf het best waar hij behoefte aan heeft. Troosttips met een gegarandeerde positieve werking bestaan helaas niet. Toch zijn het wel vaak de 'klassiekers' die het goed doen. Loop met je baby rustig de kamer door en wieg hem een beetje of zing een liedje voor hem. Kijk hem aan op een rustige manier en probeer je gezicht zo vredig te maken dat je die rust op hem overbrengt. Hetzelfde doe je met je stem. Praat langzaam, rustig en op lieve toon. Stel hem gerust en zeg dat je hem begrijpt en er voor hem bent. Ook al snapt hij de woorden en de exacte betekenis misschien nog niet, hij voelt de intentie van de woorden wel en dat maakt hem rustig.

Als het huilen je te veel wordt

Een baby reageert heel sterk op wat jij als ouder voelt en daarmee ook uitstraalt. Als je baby huilt en jij daarvan gestrest raakt, zal hij alleen maar harder gaan huilen. Voor je het weet, zit je in een neerwaartse spiraal en duurt het huilen alleen maar langer en langer. In deze situatie moet jij echt de verstandigste zijn. Troost je baby en vergeet even alles om je heen. Let goed en bewust op je totale uitstraling. Adem diep en rustig en laat hem die rustige ademhaling voelen door hem tegen je aan te leggen. Je baby voelt je buik dan op en neer gaan in een rustig tempo en dit zal hem ook rustiger maken. Soms houd je het misschien niet meer vol om rustig te blijven, omdat het huilen te hard klinkt en te lang duurt. Veel ouders met huilbaby's zeggen dat ze er echt niet meer tegen kunnen en het niet meer kunnen opbrengen hun baby dicht bij zich te horen huilen. Voel je daar niet schuldig over, want we zijn allemaal maar mensen en iedereen heeft zijn grens. Geef het niet te gemakkelijk op, maar ga ook niet over je eigen grenzen heen. Als het huilen je echt te veel wordt, kun je je baby beter even in zijn bedje leggen. Zo voorkom je dat de neerwaartse spiraal tussen jouw reactie op hem en zijn gehuil alleen maar negatievere gevolgen voor hem heeft dan het even alleen zijn.

De invloed van muziek op het rustig worden

Uit testen is gebleken dat baby's houden van muziek die warm, vol, rond en wollig klinkt. Als het ritme van de muziek lager ligt dan het hartritme, worden jonge baby's er rustig van. Vooral klassieke muziek is in trek. Er bestaan cd's die speciaal voor baby's gemaakt zijn; ze zijn op zo'n manier gecomponeerd dat de geluiden je baby rustig maken.

Lichaamscontact: essentieel bij het troosten

Je baby wordt uitgedaagd door jou om de wereld te leren kennen en jij bent degene aan wie hij houvast heeft. Als jij in de buurt bent, voelt hij zich veilig. Als hij jou voelt, wordt dat gevoel van veiligheid versterkt. Hij wordt rustiger en ontspant, fysiek en mentaal. Het kan heel moeilijk zijn om je baby dicht bij je te houden als hij lang huilt. Door het gevoel van machteloosheid kunnen de indringende geluiden van het gehuil je soms echt te veel worden. Probeer toch rustig te blijven en je baby dicht tegen je aan te houden. Onthoud altijd: hij heeft het zwaarder dan jij.

Het voordeel van huid-op-huidcontact

Er heerst nog steeds een soort taboe op bloot zijn. Voor die schaamte is echt geen reden. Het is heel normaal dat je baby het fijn vindt om zijn lichaam tegen het jouwe te voelen. Veel baby's worden dan ook rustig als ze even op de blote buik van papa of mama mogen liggen. Zo rustig dat ze vaak in slaap vallen. Als je zelf wakker bent, kan je baby nu ook in buikligging in slaap vallen, dus met zijn buik tegen die van jou. Let wel op de veiligheid bij wat jij doet als je baby slaapt. Drink bijvoorbeeld nooit een warme drank als hij op je buik slaapt en leg hem nooit bloot neer als het tocht.

Babymassage: heerlijk ontspannend

Babymassage is goed voor de algehele ontspanning van je baby en terwijl je hem masseert, wordt hij zich bewust van zijn lichaam. Babymassage is dus veel meer dan troost of ondersteunend voor de ontspanning. Baby's die op de een of andere manier niet lekker in hun vel zitten, zullen baat hebben bij massage. Maak er een gewoonte van je baby regelmatig te masseren, niet alleen wanneer hij het moeilijk heeft – hij vindt het namelijk ook gewoon fijn!

Je kunt je baby al gaan masseren als hij zo'n vijf weken oud is. Sommige deskundigen denken zelfs dat dit al vanaf de vierde week kan. Houd er wel rekening mee dat je je baby niet meteen na de voeding masseert, met alle gevolgen van dien... Wacht het liefst tot een halfuur na de voeding. Houd ook rekening met de algehele staat van je baby. Masseer hem bijvoorbeeld niet als hij echt heel erg moe is. Dan kun je beter even wachten tot na zijn dutje. Over het algemeen is het tijdstip voor je hem 's avonds in bad doet een perfect tijdstip voor massage. Gebruik een babyzeep om de olie van je baby's huidje te verwijderen voor hij in bad gaat, en pas goed op zijn glibberige lijfje als je hem vastpakt!

Een pasgeboren baby huilt zonder tranen

Je zult zien dat je pasgeboren baby nog geen tranen met tuiten huilt. De eerste traan produceert hij pas als hij zo'n vier weken oud is.

Zo masseer je je baby

1. Leg je handen plat op de buik van de baby met je wijsvingers tegen elkaar. Maak met platte handen een wrijvende beweging, vanuit het midden van de borstkas naar de buitenkant. Herhaal dat vijf keer.

2. Nu zijn de armpjes aan de beurt. Pak een armpje met twee handen bij de oksel vast. Wrijf nu met één hand naar het handje van je baby. Zodra de eerste hand bijna boven is, laat je de tweede hand ook naar zijn handje glijden. Als de tweede hand bijna boven is, leg je de eerste hand weer bij de oksel. Als je het goed doet, merk je dat er altijd een wrijvende hand is en er geen moment pauze is tussen de wrijvende bewegingen.

3. Bij deze stap in de massage doe je eigenlijk hetzelfde als hiervoor, alleen verander je de wrijvende beweging die direct naar het handje van je baby ging, in een draaiende beweging.

4. Pak nu het handje van je baby in jouw hand vast en masseer zijn handpalm met de duim. Als hij het lekker vindt, kun je ook de vingertjes masseren. Forceer nooit

iets; als je baby zijn vuistje te gespannen houdt om te openen, sla je dit gewoon over.

5. Herhaal stap 2, 3 en 4, maar nu bij het andere armpje. Zorg er wel voor dat je met je handen huidcontact houdt met je baby als je naar het andere armpje toe gaat. Wrijf dus langzaam met je vingers van het ene armpje over de borstkas naar het andere armpje.
6. Ga nu met je vingers over de borstkas en het buikje naar de beentjes. Daar doe je eigenlijk hetzelfde als bij de armpjes. Let er weer op dat je het huidcontact niet verbreekt als je van het ene naar het andere beentje gaat.
7. Nu zijn de voetjes aan de beurt. Druk met de ene duim op de hiel en met de andere duim net onder de teentjes en maak dan een op- en neergaande beweging. Als je baby wat ouder is, zal hij hier hard om moeten lachen!
8. Ga nu, zonder huidcontact te verliezen, terug naar de buik. Wrijf met platte hand rondjes die steeds kleiner worden in de richting van de navel.
9. Draai je baby nu op zijn buik en maak lange bewegingen met je handen vanaf zijn nekje, over zijn ruggetje naar de voetjes.
10. Druk nu, heel voorzichtig, met twee duimen langs de ruggengraat naar beneden. Doe dit echt heel zachtjes! Je baby is nu helemaal gemasseerd en klaar om geknuffeld te worden en in bad te gaan.

5

Eten en drinken

Gezondheid, eetpatroon, voedingszorgen en invloed van voedsel

Je hebt energie nodig om je lichaam te laten functioneren. Je hersenen zijn overigens het meest energie slurpende orgaan! Wanneer je kind twee jaar is, heeft hij meer connecties in de hersenen dan op welk punt ook in zijn leven en verbruiken de hersenen twee keer zo veel energie als die van volwassenen! De behoefte aan eten en drinken lijkt in eerste instantie dan ook puur lichamelijk, maar toch speelt de mentale ontwikkeling hier ook een rol. Als je baby niet lekker in zijn vel zit, eet hij niet goed, en als je hem drinken geeft, drinkt hij niet alleen melk maar ook liefde. Als je dreumes zelfstandiger wil worden, weigert hij jouw hulp bij het vastpakken van een lepel. Eten en drinken is dus meer dan alleen voedingsstoffen binnenkrijgen, het is een heel sociaal gebeuren. Een gebeuren waarbij het lichaam en de geest intensief samenwerken.

Genoeg voeding tijdens de eerste dagen

Als je baby goed groeit, kun je ervan uitgaan dat hij genoeg eten binnenkrijgt. De eerste dagen is het vooral spannend om te zien of hij goed kan drinken. Daarom wordt hij in die fase extra goed in de gaten gehouden. Na de kraamperiode neem je afscheid van de kraamverzorgster en draagt zij die zorg over aan het consultatiebureau. Daar wegen ze je baby en ze gaan na of hij goed groeit. Ze meten dat, in tegenstelling tot de kraamperiode, niet dagelijks. Dat is dan ook niet meer nodig. Op het consultatiebureau kijken ze of je baby gedurende een paar weken goed is gegroeid, en dus indirect of hij genoeg binnen heeft gekregen.

Soms 'eet' een baby even meer of minder

Je baby zal af en toe dagen hebben waarop hij minder drinkt dan gewoonlijk. Hoe jonger hij is, hoe meer je dit in de gaten moet houden. Bij twijfel moet je altijd het consultatiebureau of de huisarts bellen. Tien tegen één dat er niets aan de hand is, maar dan ben je in elk geval gerustgesteld. Het is heel normaal dat je baby minder drinkt of eet als hij niet lekker in zijn vel zit. Als jij niet lekker in je vel zit, eet en drink je tenslotte ook minder. Als je baby ziek wordt, zul je – vlak voor de ziekte zich openbaart – misschien al zien dat hij minder eet of drinkt. Zijn eetgedrag geeft je dus wel signalen waarop je moet letten. Ook tijdens een sprongetje in de mentale ontwikkeling zul je merken dat zijn eetgedrag verandert. Hij eet minder en slechter. Dat hoort bij een sprongetje en is heel normaal. Als je denkt dat hij echt te weinig eet, waarschuw je de arts.

Sprongetjes en borstvoeding

Tegenwoordig weten we gelukkig dat het beter is om borstvoeding op aanvraag te geven (je baby voeden wanneer hij daar om vraagt) dan op de klok (je baby volgens een bepaald tijdschema voeden). Je baby weet immers zelf het best hoeveel honger hij heeft en wanneer. Wat borstvoeding geven af en toe wat ingewikkelder maakt, is dat je baby niet alleen om de borst vraagt als hij honger heeft, maar de borst ook gebruikt om in slaap te vallen of om troost bij je te vinden. Als je baby een sprongetje maakt, verandert zijn wereld en hij klampt zich vast aan het vertrouwde, aan jou. En hoe kun je je nu beter aan het vertrouwde vastklampen dan door je letterlijk aan mama's borst vast te zuigen? Als moeder geeft het je een fantastisch gevoel zoiets voor je kind te kunnen betekenen. Toch kan het zijn dat je baby zich zo hard of zo lang aan de borst vastzuigt dat je er pijnlijke tepels van krijgt.

De oorzaken van pijnlijke tepels

Het is belangrijk een verschil te maken tussen een korte en een langere periode waarin je pijnlijke tepels hebt. Als je merkt dat je baby niet lekker in zijn vel zit, bijvoorbeeld tijdens een sprongetje, hoef je je geen zorgen te maken of iets aan jouw manier van voeden te veranderen. Als de pijn echt te veel wordt, moet je voor jezelf een onderscheid gaan maken tussen voeding en troost. Probeer je baby dan op een andere manier te troosten. Het wil ook nog weleens helpen om je tepels na het sabbelen kort te verwarmen. Dat kun je bijvoorbeeld met een föhn doen die je op de laagste stand zet. Stel je tepels ook zo vaak mogelijk bloot aan de lucht. Als de pijnlijke tepels niets te maken hebben met het overmatig zuigen wanneer je baby niet lekker in zijn vel zit, zijn daar over het algemeen drie oorzaken voor:

- ✓ je baby zuigt niet goed genoeg;
- ✓ de positie waarin je hem aanlegt, is niet optimaal;
- ✓ jij en je baby hebben last van spruw.

Het niet goed genoeg zuigen van je baby kan veroorzaakt worden door het sabbelen op een fopspeen of een flessenspeen die niet gemaakt is voor borstkinderen. De manier waarop je baby hierop moet zuigen is anders dan de manier waarop hij aan de borst moet zuigen en dat brengt hem in verwarring. Probeer daarom, vooral in het begin, zo min mogelijk gebruik te maken van alternatieve zuigmiddelen. Over het algemeen leert je baby dan vanzelf op een goede manier te zuigen.

Aanlegposities zijn ook erg belangrijk om ervoor te zorgen dat je borsten ontlast worden. Experimenteer hiermee en vraag desnoods hulp bij een lactatiekundige op het consultatiebureau.

Spruw (Candida albicans) wordt veroorzaakt door een gist en komt bij ongeveer 4 procent van de baby's voor. Dit is een schimmelinfectie die je kunt herkennen aan de witte vlekjes die je bij je baby in de mond ziet. De tepels van moeder kunnen stekend of branderig aanvoelen en echt pijnlijk zijn. Spruw is niet gevaarlijk, maar moet wel behandeld worden. Ga hiermee naar je huisarts.

Sprongetjes en flesvoeding

Uit onderzoek weten we dat borstvoeding de voorkeur verdient. Het kan natuurlijk zijn dat je geen borstvoeding kunt geven of ervoor gekozen hebt dit niet te doen. Dit heeft geen directe gevolgen voor de mentale ontwikkeling. Je baby maakt dezelfde sprongen op dezelfde gezette tijden en aan de manier van omgaan met die sprongen is er ook geen verschil met borstbaby's.

Het eerste hapje

Je baby krijgt behoefte aan bijvoeding als hij tussen de 4-6 maanden oud is. Op zich heeft het geven van bijvoeding niets met een sprongetje te maken. Wel doe je er verstandig aan je baby niet kennis te laten maken met zijn eerste hapje als hij in een sprongetje zit. Rond 4 maanden (19 weken na de uitgerekende datum) is er de sprong van gebeurtenissen en rond 6 maanden (26 weken na de uitgerekende datum) is er de sprong van relaties. Je baby zit tijdens de lastige eerste fase van een sprong niet lekker in zijn vel. Die dagen heeft hij het al zwaar genoeg doordat zijn hele wereldje verandert, en heeft hij geen behoefte aan nog iets nieuws erbij. Laat hem dus niet tijdens deze sprongetjes kennismaken met vast voedsel. Geef je baby ook geen eerste hapje als hij ziek is. Kortom, kies voor een start met vast voedsel als hij lekker in zijn vel zit en je het hem dus zo makkelijk mogelijk maakt.

De invloed van gezond eten op de sprongetjes

Gezond eten heeft invloed op alles, dus ook op de mentale ontwikkeling van je baby, dreumes of peuter. Je baby maakt, of hij nu gezond voedsel krijgt of niet, de sprongetjes op gezette tijden. Hij krijgt er dan een nieuw waarnemingsvermogen bij waarmee hij dingen kan gaan doen. Die dingen worden indirect beïnvloed door gezonde voeding. Een dreumes of peuter met overgewicht heeft nu eenmaal meer kilo's mee te zeulen en zal minder snel of goed kunnen lopen of rennen. Bovendien heeft je baby bij alle pogingen om nieuwe dingen onder de knie te krijgen zijn hersenen en de rest van zijn lijfje nodig. Die functioneren tenslotte beter als ze gezond zijn en goede voedingsstoffen binnenkrijgen.

Zo snel mogelijk over op de beker

Als je baby zes maanden is en dus bijvoeding krijgt, zul je hem ook af en toe iets laten drinken uit een fles of tuitbeker. Laat je baby echter zo snel mogelijk wennen aan een normale beker, in elk geval voor hij negen maanden is. Dit is niet alleen veel beter voor de tanden, maar bevordert ook zijn kauw- en spraakontwikkeling, en dat heeft dus indirect invloed op zijn mentale ontwikkeling. Door hem optimale omstandigheden te bieden waarin hij kan leren praten, help je hem die vaardigheden zo goed mogelijk onder de knie te krijgen.

Als een baby dingen in zijn mond stopt, is dat dan een teken dat hij toe is aan bijvoeding?

Als je baby de sprong van gebeurtenissen (19 weken na de uitgerekende datum, ofwel 4½ maand) heeft gemaakt, zul je zien dat hij veel meer dingen in zijn mond stopt. Je hand, speeltjes, dingen die hij in zijn omgeving vindt, alles is interessant om in de mond te stoppen. Dat betekent absoluut niet dat hij honger heeft. Het willen voelen van iets in de mond is een logisch gevolg van deze sprong. Je baby leert door dingen in zijn mond te onderzoeken. Jij bepaalt wat hij wel en niet in zijn mond mag onderzoeken. Als hij dingen in zijn mond stopt die gevaarlijk zijn, waarschuw je hem door 'au' of 'nee' te zeggen. Pak het object af en leg het hem uit. Hij zal niet precies begrijpen wat je bedoelt, maar leert wel dat er dingen zijn waar hij wel en waar hij niet aan mag komen.

Zo ‘vertelt’ je baby dat hij genoeg heeft gehad

Eigenlijk merk je als ouder vanaf dag één al of je baby honger heeft of genoeg heeft. Dat doe je door je intuïtie te gebruiken en doordat je je baby steeds beter leert kennen. Je herkent binnen de kortste keren wat welk huilgeluid betekent. Als je baby de sprong van gebeurtenissen heeft gemaakt (19 weken na de uitgerekende datum, ofwel 4½ maand), merk je dat hij je ook op andere manieren laat zien dat hij honger heeft. Hij strekt zijn armen naar jouw eten en drinken uit, smakt als hij aan de borst wil of de fles ziet en weet ook aan te geven dat hij genoeg heeft. Veel ouders ervaren dan dat hun baby voor de eerste keer min of meer bewust het eten uitspuugt als teken dat hij vol zit, of de borst of fles wegduwt. Je baby lijkt dan ineens veel ouder, veel groter te zijn.

En dan opeens... merk je dat je baby voorkeuren voor bepaald eten krijgt

Over het algemeen vindt een baby jonger dan een halfjaar bijna alles lekker. Een grote voorkeur heeft hij nog niet. Als je baby de sprong van relaties heeft gemaakt (26 weken na de uitgerekende datum, ofwel 6 maanden), neem je voor de eerste keer waar dat hij sommige etenswaren lekkerder vindt dan andere. Dat is natuurlijk erg leuk om mee te maken. Je baby wordt steeds groter en ook zijn eetvoorkeur is weer een mijlpaal. Toch is dat grappige er ook weer snel vanaf als de voorkeur zo sterk wordt dat het eten nu moeizamer wordt. Een baby met een sterke wil zal namelijk niet alleen zijn voorkeur uiten, maar gewoonweg eten weigeren dat hij iets minder lekker vindt. Als ouder begin je te twijfelen of je baby wel voldoende voedzaam eten binnenkrijgt, omdat juist variatie zo belangrijk is in gezonde voeding. Zorg ervoor dat deze mijlpaal geen strijd wordt. Eten forceren, opdringen of continu aan blijven bieden levert niets op.

Soms weigert je baby eten

Echt weigeren van eten, en soms ook drinken, in die mate dat er uitdroging of ondervoeding ontstaat, gebeurt gelukkig uiterst zelden. Als je toch denkt dat dit het geval is bij jouw baby, neem je direct contact op met je huisarts. Meestal gaat het bij het weigeren van eten om iets anders. Je baby weigert bijvoorbeeld eten omdat hij iets anders lekkerder vindt, omdat hij het erg leuk vindt om te zien hoe jij met een lepel achter hem aan komt, of omdat hij alleen maar minder trek krijgt als een van zijn ouders hem voortdurend eten aanbiedt. Forceer het eten daarom nooit. Als hij niet wil, wil hij niet. Zet het eten weg en bied het een tijdje daarna opnieuw aan. Maak er geen machtsspelletje van. Je baby zal langer volhouden dan jij, en jij verliest dus. Vergeet ook niet dat het om bijvoeding gaat. Bijvoeding heeft natuurlijk wel voedingsstoffen in zich, maar dient in het begin vooral om je baby te laten wennen aan verschillende smaken en het leren doorslikken van iets. Zodra je baby echt eten krijgt om voedingsstoffen binnen te krijgen, kun je wat meer eisen gaan stellen voor het opeten ervan. Ook nu geldt dat je er geen machtsspelletje van moet maken. Jij bepaalt wat hij eet en je geeft je kleintje de gelegenheid aan te geven wanneer hij vol zit. Als hij weigert en echt niet genoeg heeft gegeten, geef je hem geen tussendoortje tot hij zijn eten op heeft. Zo leer je hem dat lekkere tussendoortjes alleen komen als hij gezond eet.

De knoeiboel van het zelf leren eten

Als je baby de sprong van opeenvolgingen heeft gemaakt (46 weken na de uitgerekende datum, ofwel 11 maanden), snapt hij dat hij sommige dingen in een bepaalde volgorde moet doen om een bepaald doel te bereiken. Een van de dingen die je in de uitwerking van deze sprong kunt zien – als je baby dat interessant vindt – is dat hij een lepel pakt, een hap eten erop doet en deze naar zijn mond brengt. Dit is dus het begin van het zelfstandig eten. Je kunt echter niet van hem verwachten dat hij vanaf nu elke maaltijd volledig zelfstandig naar binnen werkt. Gun hem de kans om zo veel hij wil dit zelf te doen, al levert het een knoeiboel op. Als je merkt dat hij moe wordt of gefrustreerd raakt doordat het niet lukt, pak je de lepel over en voer je hem de rest van het eten. Natuurlijk geef je hem eerst een heleboel complimentjes dat hij het al zo goed zelf kan doen.

Leer je baby zelfstandig te eten... als hij eraan toe is

Het is altijd belangrijk de zelfstandigheid en pogingen van je baby om iets nieuws te willen leren te stimuleren. Dat geldt ook bij het eten en drinken. Je baby zal op een gegeven moment aangeven dat hij het zelf wil doen. Met elke sprong die hij maakt wordt dat 'zelf doen' belangrijker voor hem. Als hij de sprong van opeenvolgingen maakt, viert het 'zelf doen' hoogtij. Koste wat kost wil hij zelf zijn eten opeten. Soms kan dat voor ouders best frustrerend zijn. Je ziet bijvoorbeeld hoe er steeds meer eten op de grond belandt in plaats van in zijn mond, of hoe je baby het wel zelf wil doen, maar totaal gefrustreerd raakt doordat het niet naar believen gaat. Probeer je kind dan op een positieve manier te helpen. Complimenteer hem met zijn pogingen of maak er een omgekeerd spelletje van. Jij neemt een lepel in je handen en je geeft er een aan je dreumes. Hij voert jou, jij hem. Zo kan hij zich groot voelen en weet jij dat hij toch genoeg binnenkrijgt.

Gezond eetpatroon: meer dan alleen voedingsstoffen

Gezonde voedingsstoffen binnenkrijgen is voor het lichaam belangrijk. Eten en drinken is echter meer dan alleen voedingsstoffen binnenkrijgen, het is ook een sociaal gebeuren. Maak er een gewoonte van met zijn allen aan tafel te eten. Vraag je dreumes jou te helpen bij alles wat bij het eten hoort, van boodschappen doen tot de afwas. Je dreumes vindt het niet alleen leuk om je te helpen, maar je leert hem hierdoor ook onbewust een goed eetpatroon aan. Je leert hem bewust om te gaan met voedsel, al zal hij dat nu nog niet zo ervaren. Met de volgende spelletjes kun je je dreumes dit leren. Je zult merken dat hij deze spelletjes vooral na het doen van de sprong van programma's (55 weken na de uitgerekende datum, ofwel 13 maanden) erg leuk vindt. Sommige spelletjes snapt hij pas goed als hij de sprong van principes heeft gemaakt (64 weken na de uitgerekende datum, ofwel 15 maanden).

- ✓ Vraag hem jou te helpen de boodschappen uit het winkelschap te halen en in het winkelwagentje te leggen.

- ✓ Vraag hem jou te helpen bij het opruimen van de boodschappen.

- ✓ Vraag hem zijn eigen bord en bestek neer te zetten op tafel. De vroege lopers kunnen dit misschien nu al staand doen. De dreumesen die nog niet kunnen lopen of goed kunnen staan, vraag je om dit te doen als ze in de kinderstoel zitten. Geef hun het bord aan en laat het hen op de tafel of het tafelblad van de stoel plaatsen.

- ✓ Vraag je dreumes iets voor je te roeren.

- ✓ Geef hem tijdens het koken een aantal eetbare dingetjes, een bakje met water en een lepel. Zo kan hij ook iets koken. Help hem als het nog niet helemaal lukt. Natuurlijk proef je het en zeg je dat het erg lekker is!

- ✓ Vraag hem jou te helpen bij de afwas. Dat zal wel het nodige watergespetter opleveren, maar lol beleeft hij zeker!

6

Emotionele ontwikkeling

Veilige hechting, eenkennigheid, angsten, wat je baby ervaart en voelt, zelfvertrouwen

Dat intelligentie niet zaligmakend is, wisten we al. De manier waarop je in het leven staat, de lol die je beleeft, het zelfvertrouwen dat je hebt, het zijn allemaal voorbeelden van aspecten die bepalend zijn voor een fijn of juist minder fijn leven. De emotionele ontwikkeling is dan ook erg belangrijk. Als ouder kun je je baby een goede start geven door heel bewust met die emotionele ontwikkeling om te gaan.

Wanneer begint de emotionele ontwikkeling van een kind?

We weten steeds meer over de emoties van baby's in de buik, al blijft het moeilijk om baby's daarop prematuur te onderzoeken. Emoties gaan, ook in de buik, gepaard met de aanmaak van hormonen. Dat gedeelte van emoties is dan ook fysiek te meten. Ook schrikreacties zijn het gevolg van emoties en zijn zichtbaar en meetbaar. Als je hiervan uitgaat, kun je zien en voelen dat baby's in de buik al emoties hebben. Als er opeens een hard geluid klinkt, reageert je baby met een felle draaibeweging of een schop. Hij schrikt. Sommige baby's lijken te schrikken van een echo en proberen zich te verstoppen onder het schaambeen.

Ervaart een pasgeboren baby al geluk, verdriet en pret?

Een pasgeboren baby beleeft de wereld als een 'soepje'. Alles wat hij ziet, ruikt, proeft of hoort, voelt hij als een totaalervaring. Dit ervaart hij zo tot hij de sprong van sensaties maakt, 5 weken na de uitgerekende datum. Een hard geluid zal hij dus niet alleen horen, zijn hele lichaampje neemt dit onprettige gevoel waar. Hij voelt zich opeens niet fijn. Je pasgeboren baby reageert dus met zijn hele lichaam, ook bij fijne dingen. Grofweg ervaart hij alles wat hij meemaakt als positief, negatief of neutraal. Hoe ouder hij wordt, hoe meer sprongetjes hij heeft gemaakt, hoe verfijnder hij zijn emoties kan ervaren. Een positief gevoel kan hij dan ervaren als geluk, plezier, liefde enzovoort. Dat wil niet zeggen dat je pasgeboren baby minder emoties heeft en je er dus minder rekening mee hoeft te houden! Sterker nog, juist omdat hij de emoties nog niet zo goed in onderscheiden emoties in kan delen, zijn zijn reacties daarop veel heviger dan wanneer hij ouder is.

Wat is veilige hechting?

De uitdrukking zegt het eigenlijk al: je veilig voelen in relaties. Voor je baby gaat dit natuurlijk om de relatie die hij met jou heeft. Hij heeft behoefte aan die veilige hechting. Hij wil voelen dat je onvoorwaardelijk van hem houdt en er altijd voor hem zult zijn, om wie hij is, en niet om wat hij kan of doet. Bij pasgeboren baby's is dit 'voelen' nog vrij simpel. Als hij maar lichaamscontact heeft – liefst buik tegen buik – en jouw stem hoort, dan is het al vrij snel goed. Als hij mobiel wordt en excursies begint te maken in de wijde wereld met jou als veilige basis, dan wordt het belangrijk dat je voorspelbaar en toegankelijk aanwezig bent. Hij moet erop kunnen vertrouwen dat je er nog bent als hij terugkeert. Die excursies zijn in het begin heel klein, vaak binnen armbereik. Als je elk moment kunt opstaan en weglopen, dan wordt hij onzeker en gaat zich voor alle zekerheid aan je vastklampen, zodat hij de boot niet mist als je er ineens vandoor gaat. In deze fase zie je kinderen die regelmatig de boot missen vaak jammerend achter vader of moeder aan kruipen of een keel opzetten als ze nog niet kunnen kruipen. Naarmate je baby ouder wordt, worden de eigenschappen van jullie interactie die een rol spelen bij de veilige hechting steeds ingewikkelder.

Hoe ontwikkel je veilige hechting?

Je kunt als ouders niet even een paar uur per dag gaan 'veilig hechten'. Het is niet iets wat je in je agenda kunt inplannen. Veilige hechting doe je dan ook niet even, je laat het voelen in alles wat je overbrengt op je kind. Bij het creëren van een veilig gehecht gevoel is het belangrijk dat je je baby in zijn waarde laat en dat je op een liefdevolle manier invulling geeft aan zijn behoeftes. Die zijn eerst heel simpel lichamelijk en worden steeds ingewikkelder en van mentale aard.

Je baby's emoties en de onvermijdelijk nare situaties

Iedere baby krijgt te maken met zaken die hij niet fijn vindt, of hem zelfs pijn doen, mentaal of fysiek. Natuurlijk probeer je die als ouder zo veel mogelijk uit de weg te gaan, maar soms moet er gewoon iets gebeuren. Neem bijvoorbeeld een inenting: voor je baby geen lolletje en hij zal ook niet snappen waarom dit moet gebeuren. Sommige ouders zeggen dat hun baby hen een paar uur na de inenting aankijkt en met zijn ogen 'verrader' zegt. Ze gaan zich afvragen of de inenting haaks staat op de veilige hechting waar een baby behoefte aan heeft. De inenting is natuurlijk maar een voorbeeld, er zijn talloze dingen op te noemen die je baby verdrietig maken en waarop jij als ouder geen invloed hebt, of waarvan je weet dat het hem verdrietig maakt maar op de lange termijn het beste voor hem is. Door te accepteren dat er nu eenmaal nare situaties bestaan, voorkom je dat je zelf in paniek raakt en gaat twijfelen aan je capaciteiten als ouder. Probeer het juist van de positieve kant te benaderen. Juist in tijden van verdriet of pijn kun jij je baby laten zien dat je er voor hem bent. Dat jij hem troost, rekening met hem houdt en dat hij op jou kan terugvallen. Praat tegen je baby. Zeg hem dat je snapt dat hij pijn heeft en dat het niet fijn is. Stel hem gerust met je stem en toon hem dat hij emoties mag hebben. Je stelt hem niet gerust door er maar koste wat kost voor te zorgen dat hij niet huilt!

Het verband tussen veilige hechting en sprongetjes

Hoe ouder je baby wordt, hoe langer een sprong duurt en hoe langer hij van slag is. Je baby heeft last van de drie H's: Hangerigheid, Huilerigheid en Humeurigheid. Hij wil steeds bij je zijn terwijl hij huilt en een slecht humeur heeft. Natuurlijk heeft de ene baby dit sterker dan de andere, maar het blijft voor baby's en ouders een moeilijke en soms frustrerende periode. Het beste wat je kunt doen is in elk geval weten dat het niet aan je baby ligt dat hij zo van slag is. Zo'n sprong maken is niet niks en hij heeft jou en je liefde hierbij hard nodig. Het helpen bij het maken van een sprongetje is ook een van de piekmomenten waarop hij bijna letterlijk schreeuwt om jou voor een gevoel van veilige hechting.

Eenkennigheid en scheidingsangst

Als je baby de sprong van relaties heeft gemaakt, wanneer hij ongeveer zes maanden is, kun je gaan opmerken dat je baby ineens niet meer zo vrij is bij 'vreemden'. Hij lijkt nu bang te zijn voor hen en klampt zich vast aan de personen die hij wel dagelijks ziet. Dat woord 'vreemden' moet je dan ook breed zien. De ene baby wordt al eenkennig als hij de buurvrouw ziet die hij toch regelmatig ziet, de andere pas als hij echt nieuwe mensen ontmoet. De periode waarin je baby eenkennig wordt, kan variëren tussen zes maanden en een jaar en kan doorgaan tot je dreumes twee jaar is. Die angst voor vreemden hangt vaak samen met de angst om van jou weg te zijn. Dat hij het opeens eng vindt als jij weggaat, naar een andere kamer gaat of zelfs alleen maar naar een andere hoek in de kamer loopt, komt doordat hij nu snapt dat hij de controle over zijn nabijheid tot jou verliest. De angst daarvoor is scheidingsangst.

Dit kun jij doen tegen scheidingsangst

Help je baby te begrijpen dat je soms wel uit het zicht bent, maar er nog steeds voor hem bent. Blijf bijvoorbeeld tegen hem praten als je de kamer uit loopt. Hij hoort dan je stem en weet dus dat je er nog bent, ook al ziet hij je niet meer. Door spelletjes met hem te spelen kun je hem ook leren dat iets er nog wel is, ook al zie je het niet meer. Doe een doek over een speeltje en vraag je baby waar het speeltje is. Trek dan de doek eraf en zeg met een blije stem: 'Daar is het speeltje!' Als je baby de sprong van relaties heeft gemaakt, zal hij extra genieten van dit spelletje. Je kunt deze simpele vorm van verstoppertje spelen natuurlijk eindeloos variëren.

Help je baby door de eenkenningheidsfase heen

Ten eerste is het belangrijk te weten dat deze eenkennigheid normaal is en dat het juist van belang is deze angsten voor vreemden niet als onzin te bestempelen. Je hoeft natuurlijk ook niet je baby te ontzien en ervoor te zorgen dat hij nooit meer in contact komt met anderen tijdens die periode. Nodig gewoon de mensen uit die je normaal gesproken zou uitnodigen en ga gewoon op bezoek als je dat wilt doen. Vertel de mensen om je heen dat ze hem even met rust moeten laten als hij net binnenkomt, of wanneer je visite bij jou komt. Houd je baby even op schoot en laat hem bepalen wanneer hij contact wil maken met anderen, of wanneer hij langzamerhand van zijn veilige schootbasis af wil gaan om eerst even rustig in zijn eentje ergens anders te zitten of te kruipen. Ook hierbij geldt dus weer dat je baby je gids is. Hij geeft aan wanneer hij contact wil maken. Als je hem deze eigen overwinning van zijn angsten toestaat, zul je een goede diepte-investering doen. Op korte termijn omdat je de fase van eenkennigheid verkort of minder erg maakt, en op lange termijn omdat je hem helpt angsten te overwinnen en hem zelfverzekerder maakt.

Eenkennigheid en het kinderdagverblijf

De periode waarin je baby echt enorm eenkennig is, is niet ideaal om hem losser van jou te maken. Als het dus mogelijk is, is het beter om hem te laten wennen aan een oppas of kinderdagverblijf voor of na deze fase. Ook baby's die al op het kinderdagverblijf zitten en hieraan gewend zijn, zullen misschien ineens niet meer willen of zelfs bang zijn voor de leidsters. Praat hierover met je oppas of de leidsters. Vraag of zij jouw baby even extra willen knuffelen als jij weggaat of juist even alleen willen laten. Of hij juist behoefte heeft aan knuffels of een moment voor zichzelf hangt van je baby af. De beste manier vind je alleen maar door het uit te proberen. Je kunt een halfuur na je vertrek naar je oppas of de leidsters bellen en vragen hoe het met hem gaat. Dat geeft jou een gerustgesteld gevoel en de leidsters of oppas zullen zeker begrijpen dat je belt.

Eenkennigheid en afscheid nemen

Je baby zal op een gegeven moment meemaken dat jij even weg moet en hij niet mee kan. Iedere baby krijgt hier ooit problemen mee en zal je ongetwijfeld goed laten merken dat hij het er niet mee eens is. De volgende handelwijzen kunnen dit afscheid gemakkelijker maken. Vertel hem in duidelijke bewoordingen dat je even weg bent en dat je ook zo weer terugkomt. Je kunt hem zelfs vertellen waar je naartoe gaat. Houd dit echter kort en duidelijk en maak er geen lang verhaal van. Dan breng je hem alleen maar aan het twijfelen. Geef hem een dikke kus, zeg hem gedag en ga dan ook. Als je door zijn gehuil of ander protest gaat twijfelen, merkt je baby dat en dat maakt het afscheid alleen maar pijnlijker. Ga nooit stiekem weg. Je baby leert dan immers het verkeerde, namelijk dat, als hij mama niet continu in de gaten houdt, hij riskeert dat ze opeens weg is.

Zelfs een baby kun je al zelfvertrouwen bijbrengen

Een begrip als zelfvertrouwen is iets wat een kind pas kan ervaren als hij een dreumes is, en vaak pas bewust als hij veel ouder is. Zelfvertrouwen is dan ook meer een gevoel. De basis van dat gevoel kun je je baby al in de wieg bijbrengen. Dat doe je door hem de kans te geven zich te ontwikkelen. Door hem in verschillende situaties te brengen waar hij zijn best moet doen op zijn niveau. Laat hem dingen proberen die hij aankan, maar die wel uitdagend zijn. Moeilijke dingen dus, maar nooit te moeilijk. Je baby leert zo van jongs af aan dat hij, als hij zijn best doet, dingen goed kan, helemaal alleen en doordat híj het deed. Natuurlijk kun je hem helpen door de omgeving zo te maken dat de kans van slagen volledig is. Je kunt de speeltjes zo voor hem leggen dat hij er eenvoudig bij kan om het pakken te oefenen. Je kunt de afstand tussen jou en een ander zo klein maken dat je baby gemakkelijk binnen twee kleine stapjes echt een stukje heeft gelopen. Hij heeft dan het gevoel dat hij het heeft gedaan en is trots. Ook daarbij is een rol voor jou als ouder weggelegd. Moedig je baby aan en vertel hem uitgebreid en met een blije stem hoe trots je op hem bent. Ook als het niet lukt, kun je dat doen. Dan ben je er gewoon trots op dat hij het heeft geprobeerd. Kinderen en hun zelfvertrouwen groeien door aanmoediging, successen en complimentjes!

7

Stress

Problemen, onenigheden, stressreductie, twijfels

Een baby krijgen is een van de mooiste dingen in je leven, en ook een van de aangrijpendste. Zo aangrijpend dat je merkt dat eigenlijk alles verandert. De manier waarop je in het leven staat, je energiepeil, je normen en waarden. Kortom, je ziet de wereld door een nieuwe bril en dat levert soms best spanningen op in jezelf en je gezin. De spanningen manifesteren zich in wanhoopsmomenten, dipjes, ruzies of onenigheden met je partner, je andere kinderen of je (schoon)ouders. Dit zijn niet de leukste momenten van het ouderschap, maar ze horen er wel degelijk bij en zijn eigenlijk heel normaal.

Af en toe zijn er: gevoelens van wanhoop

Je baby kan erg veeleisend zijn tijdens een sprongetje. Dat doet hij niet expres maar instinctief. Zijn hele wereld verandert en hij is van slag. Dus grijpt hij terug op dat ene waaraan hij wel houvast heeft: jou. Hij klampt zich letterlijk en figuurlijk aan je vast. Ook al weet je dat je er nu moet zijn voor je baby, toch besluipt je vaak een gevoel van irritatie. Vaak is het taboe om dat te zeggen en hoor je andere ouders alleen maar roepen dat zij daar nooit last van hebben. De realiteit is echter dat de meeste moeders – en vaders – allemaal deze gevoelens van irritatie kennen. De baby tart je geduld als hij een sprongetje maakt en jij bent ook maar een mens. Accepteer dus dat je af en toe dit soort gevoelens hebt. Praat erover met je partner en doe gewoon even je beklag.

Reageer het niet af op je baby! Door voor jezelf te erkennen dat je best gevoelens van wanhoop mag hebben en door erover te praten, ben je juist een goede ouder. Als je bij jezelf de stress reduceert, maak je het voor je baby en je hele gezin gemakkelijker.

Ook jij hebt stress tijdens een sprongetje

Allereerst is het heel belangrijk om je erbij neer te leggen dat sprongetjes erbij horen en dat die periodes nu eenmaal niet leuk zijn voor je baby en daarmee effect hebben op jou, je partner en je andere kinderen. Het helpt als je je goed voorbereidt op een sprongetje, als je goed weet wat er in het koppie van je baby gebeurt en waarmee hij worstelt. Door daarop in te spelen, duurt de lastige periode korter en indirect reduceer je dus de stress bij jezelf, je baby en je hele gezin.

Als het echt te veel dreigt te worden...

Het ouderschap eist veel van je, mentaal en fysiek. Als je baby een sprongetje maakt, lijkt het af en toe misschien of je emmer bijna overloopt. Sommige ouders hebben echt de tranen van wanhoop en vermoeidheid in hun ogen staan. Er kan een punt komen waarop je merkt dat het je nu werkelijk te veel wordt. Dan hebben we het niet over een moeilijk moment waarop je het eventjes niet meer ziet zitten en vijf minuten later weer lacht, maar over een dieper gevoel. Gelukkig hebben niet alle ouders het zo zwaar dat ze hiermee te maken krijgen. Voor jezelf is het heel belangrijk goed onderscheid te maken tussen een moment van wanhoop en een zwaardere periode. Een moment van wanhoop is vaak al opgelost door een lekkere huilpartij of een dikke knuffel van je partner met troostende woorden. De zwaardere periode is echter niet zo eenvoudig op te lossen. Als je echt in een dip komt, duurt het nu eenmaal langer om er weer helemaal bovenop te komen. Probeer het niet zo ver te laten komen. Denk niet alleen maar steeds aan de gezondheid van je baby, maar ook aan die van jou. Realiseer je dat jouw gezondheid ook van belang is voor die van hem. Een gelukkige ouder kan tenslotte meer geluk overbrengen aan haar baby dan een ongelukkige ouder. Ken dus je eigen grenzen en wees niet bang die uit te spreken jegens je partner of zelfs jegens een arts.

Voorkom een echte dip

De een is wat gevoeliger voor stress dan de ander en raakt wat eerder in een dip. De oorzaak van dit verschil maakt nu niet zoveel uit. Het gaat erom hoe je voorkomt dat je in een echte dip raakt, in het belang van je kind, jezelf en de rest van je gezin. Vroegtijdige herkenning van de eerste symptomen is erg belangrijk. Als je onderkent dat er een kans bestaat dat je in een echte dip terechtkomt, moet je meteen aan de bel trekken. Maak een plan om tot rust te komen. Vraag je partner wat vaker bij de baby te zijn en plan deze dagen in je agenda. Doe iets leuks in die tijd, ga wandelen, lekker zwemmen of de stad in. Voel je dan ook niet schuldig om die tijd voor jezelf te nemen. Door aan jezelf te werken voorkom je dat je in een echte dip raakt en daarmee je baby tekortdoet. Schroom ook niet je dipgevoelens met de huisarts of op het consultatiebureau te bespreken.

Is het slecht als je baby je ziet huilen?

Je baby merkt aan jou hoe je je voelt, of je nu huilt of niet. In het begin proeft hij via de moedermelk zelfs letterlijk je gevoelens. Het gaat dus niet direct om de tranen maar om het gevoel. Je baby ziet jou liever vrolijk en gelukkig, want dat maakt hem vrolijk en gelukkig. Toch is het ook weer niet zo dat je dus kunt huilen waar je baby bij is tot je geen traan meer overhebt. Af en toe moet je je gewoon vermannen. Als je verdrietig bent, doe je er in elk geval verstandig aan je baby te laten merken dat het niet aan hem ligt, hoe jong hij ook is. Knuffel hem, lach naar hem en probeer je tranen zo snel mogelijk te vervangen door gevoelens van warmte.

Ook jullie worden herboren als partners

Tot de geboorte van je eerste baby kenden jullie elkaar alleen maar als partners die al enige tijd van hun leven samen waren. Dat verandert volledig vanaf het moment dat je een baby krijgt. Jullie delen iets unieks samen en zijn daar samen verantwoordelijk voor. Een mate van verantwoordelijkheid die je nog nooit eerder gevoeld hebt. Je baby raakt je in het diepst van je ziel en je merkt dat het dat ook doet bij je partner. De stoerste mensen lopen dagenlang met tranen in hun ogen rond en ook de zelfverzekersten twijfelen opeens bij elke luier die ze verschonen. Het lijkt erop of je zelf herboren wordt als je baby geboren wordt. Een vrouw wordt herboren als moeder en een man als vader. Vaak merk je een paar maanden na de geboorte dat jullie al aardig gewend zijn aan die nieuwe rol.

Partnerruzies en sprongetjes

Als je baby veel huilt, weinig slaapt of niet lekker in zijn vel zit, eist dat zijn tol voor de hele familie. Als je baby een sprongetje maakt, heeft hij het heel moeilijk en gedraagt hij zich dus ook zo. Als ouder ga je twijfelen of er iets aan de hand is met je baby. Je slaapt niet goed doordat hij veel vaker wakker wordt. Na een paar dagen van twijfel en weinig slaap viert ook de stress van de ouder hoogtij. Het sprongetje in de mentale ontwikkeling heeft dus niet alleen tot gevolg dat je baby door een moeilijke periode heen gaat, maar ook de ouder krijgt een moeilijke tijd. De spiraal gaat nog verder. De ouders slapen minder en raken gestrest en dat heeft logischerwijs weer gevolgen voor het hele gezin. De sfeer in huis wordt er niet beter op en dat merkt de toch al extra gevoelige baby op. Die wordt vervolgens nog 'lastiger'. Je ziet, een sprongetje heeft nogal wat gevolgen.

Samen op één lijn

Iedereen zal snappen dat het altijd beter is als ouders het met elkaar eens zijn. Juist in moeilijke tijden is dit van belang. Als je baby een sprongetje maakt en de hele dag van slag is, slecht eet, veel huilt en weinig slaapt, worden jij en je partner daar kriegel van. In tegenstelling tot andere beslissingen waarover jullie het eens moeten zijn, is een sprongetje iets wat komt, maar ook weer overgaat. Realiseer je dat goed in de discussies die jullie hebben over het als ouders omgaan met zo'n sprongetje. Maak samen een plan hoe je met je baby om wilt gaan in die periode en verdeel de taken. De vragen hierna kunnen daarbij helpen. De vragen zijn bedoeld om je te helpen een adequaat plan op te stellen. Het is niet zo dat er een juist of onjuist antwoord op te geven is. Het antwoord waar jullie het allebei over eens zijn, is het enige goede antwoord.

Om samen over na te denken

Huilen

- ✓ Laat je je baby af en toe huilen?
- ✓ Ben je het allebei met de mate van troosten eens?
- ✓ Zijn jullie het over de manier van troosten eens?
- ✓ Wat zijn de verschillen van troosten tussen jou en je partner en kunnen jullie iets van elkaar leren?
- ✓ Vinden jullie allebei dat je er extra moet zijn voor je baby als die het moeilijk heeft?
- ✓ Ook als dit tijdelijk ten koste gaat van de aandacht die je voor jezelf of je partner hebt?
- ✓ Zijn jullie het erover eens dat de baby meer huilt omdat hij een sprongetje maakt of twijfelt een van beiden? (Bij twijfel altijd een arts bellen!)

Eten

- ✓ Staan jullie allebei achter de voeding die de baby krijgt (borst of fles)?
- ✓ Als je de borst geeft: hebben jullie gesproken over de zware taak van de moeder?
- ✓ Als je de borst geeft: weet de partner dat dit ook fysiek zwaar kan zijn?
- ✓ Als je de borst geeft: zijn er dingen die de partner kan doen om bij de voeding te helpen?
- ✓ Twijfelen jullie of de baby wel genoeg eten binnenkrijgt? (Bij twijfel altijd een arts raadplegen.)
- ✓ Zijn jullie het eens over de mate waarin je (vast) voedsel aanbiedt?

- ✓ Zijn jullie het eens over het omgaan met het weigeren van voedsel tijdens een sprongetje?

Stressreductie

- ✓ Denken jullie allebei dat de stress komt door het sprongetje? (Bij twijfel een arts raadplegen.)
- ✓ Hebben jullie de opvoedende taken goed verdeeld?
- ✓ Zijn jullie het erover eens dat kinderen opvoeden veel energie kost, hoe jong ze ook zijn?

Slapen

- ✓ Breng je je baby naar bed op een vast tijdstip, ongeacht of hij moe is of niet?
- ✓ Als je baby niet wil slapen, na hoeveel minuten haal je hem uit zijn wieg?
- ✓ Blijf je in de kamer van je baby tot hij slaapt?
- ✓ Vind je het verwennen om op zijn gehuil in te gaan?
- ✓ Wie brengt de baby naar bed?
- ✓ Wie staat er 's nachts op als hij huilt?
- ✓ Is het een idee om degene die door de week 's nachts het meest wakker wordt in het weekend te ontzien?
- ✓ Is het misschien een idee om af te kolven, zodat de moeder niet zo vaak wakker hoeft te worden en ook eens een lange nacht kan maken?
- ✓ Is er iemand in de buurt die af en toe een uurtje langs kan komen zodat je overdag een 'powernap' kunt maken?

Het effect van de sprongetjes op je gezin

Niet elk sprongetje hoeft bij iedere baby even grote gevolgen te hebben. De eerste sprongetjes duren vrij kort en dus hebben deze minder grote gevolgen voor het hele gezin dan de volgende sprongetjes. Hoe ouder je baby wordt, hoe langer de sprongetjes duren. De periode waarin je baby niet goed slaapt, duurt dus ook langer. Toch wil dat niet zeggen dat de eerste sprongetjes geen gevolgen hebben voor de vrede in huis. Juist omdat je er nog geen ervaring mee hebt, althans niet met déze baby, twijfel je veel eerder aan jezelf of aan de gezondheid van je baby. Die twijfel brengt stress met zich mee en die stress van de ouders heeft weer zijn uitwerking op de rest van het gezin. Kan je partner wat meer tijd doorbrengen met de baby als het jou even te veel wordt?

De sprongetjes van je baby en de invloed ervan op je andere kinderen

Dat je andere kinderen indirect ook te kampen krijgen met het sprongetje waar je baby doorheen gaat, is duidelijk. Afhankelijk van de leeftijd van de oudere kinderen kun je hun uitleggen dat de baby een sprongetje maakt. Vanaf de peuterleeftijd zullen ze dit ook begrijpen. Vertel hun wat er in het koppie van je baby verandert door er een leuk verhaaltje bij te verzinnen. Natuurlijk hoef je hun niet alle ins en outs uit te leggen, dat is nog te moeilijk voor hen. Ze snappen wel dat de baby nu heel veel moet leren

en even niets meer snapt van de wereld om hem heen. Vraag je oudere kinderen om hulp. Vraag hun om samen met jou manieren te verzinnen om de baby te troosten of maak samen een tekening voor de baby. Op die manier spendeer je tijd met je andere kinderen en geef je hun het trotse gevoel dat zij de baby kunnen helpen.

Een baby… en de tijdsverdeling met je andere kinderen

Om precies de balans te vinden tussen het verdelen van tijd en aandacht is een kunst op zich. Tien tegen één dat je toch van je kinderen te horen krijgt dat je het fout doet. Oudere kinderen zullen klagen dat je te vaak met de baby bezig bent, jongere kinderen gaan ineens veel meer drammen en eisen zo hun aandacht op. Probeer je baby zo veel mogelijk te betrekken bij de spelletjes en situaties die je voor de geboorte met je andere kinderen speelde. Je baby vindt het bijvoorbeeld hartstikke leuk om erbij te zijn als jullie knutselen. Draag hem bij je in een draagdoek of zet het wipstoeltje naast jullie neer. Ga gewoon lekker knutselen, maar vergeet niet tegen je baby te praten en hem af en toe de knutselwerkjes te laten zien. Je oudere kinderen zullen niet protesteren, omdat je tenslotte de dingen die je voor de geboorte met hen deed nu nog steeds doet. Je baby vindt het prachtig omdat hij naar jullie kan kijken en je hem erbij betrekt. Als je hem het knutselwerkje laat zien, doe je dat natuurlijk op een speciale manier. Je wappert voorzichtig met een blaadje en speelt daarmee in op vloeiende overgangen (sprong van 12 weken). Of je ritselt met een blaadje en geeft hem een knisperend knutselblaadje om aan te voelen (sprong van 19 weken, gebeurtenissen). Als je baby probeert te zitten, zet je hem naast je neer met je voedingskussen om hem heen. Jij hebt je armen vrij om met je andere kinderen te knutselen, terwijl je baby oefent met het zitten en zich daar kostelijk mee vermaakt. Als je een beetje inventief bent, kun je het iedereen naar de zin maken!

Hoe leg je aan je kinderen uit dat de baby iets wel mag en zij niet?

Vanaf 18 maanden kan je kind begrijpen dat er verschillen zijn en dat je baby iets soms wel mag en hij niet. Ook al zijn zijn hersentjes in staat dat te begrijpen, het wil niet zeggen dat hij zich daar zomaar bij neerlegt. Leg je kinderen uit dat de baby nog niet zo veel sprongetjes heeft gemaakt als zij en dat je dus meer van hen verwacht dan van de baby. Bij iedere discussie herhaal je deze boodschap eenmaal en heel duidelijk.

(On)gewenste adviezen

Toen jouw (schoon)ouders kinderen kregen, deden ze het op hun manier. Nu jij kinderen hebt, doe jij het op jouw manier. Wat betreft opvoeding is één ding erg belangrijk: iedereen doet het op zijn eigen manier en op een manier die bij hem past. Natuurlijk kun je af en toe best wat wijze raad overnemen van de wat ervarener ouders, maar laat je niet aan het twijfelen brengen. Vroeger – en dan heb je het nog maar over één generatie geleden – werd bijna al het gehuil afgedaan met 'darmkrampjes', voedden we nog 'op de klok' en niet op aanvraag, en wisten we veel minder dan nu over de mentale ontwikkeling van baby's. De afgelopen jaren is er veel onderzoek naar de ontwikkeling van baby's gedaan. We weten veel meer en kunnen ook iets met die informatie. Toch zijn er nog veel oma's en opa's die om de een of andere reden de drang voelen hun advies ongewenst te geven. Gek eigenlijk, als je bedenkt dat zij dat ook ongewenst kregen van hun ouders. Neem het advies in je op. Ga er geen discussie over aan en doe ermee wat jij wilt. Bedenk gewoon dat zij waarschijnlijk hetzelfde voor je baby willen als jij: het beste.

Als je ouders oppassen, maar dingen doen waar jij anders over denkt: wat doe je dan?

Normaal gesproken kun je een oppas of de leidster van het kinderdagverblijf vrij zakelijk benaderen als je het met iets niet eens bent. Jij bent tenslotte de ouder, jij bent de baas. Als je eigen ouders de oppas zijn, wordt dat vaak wat lastiger. Ze zijn gewend aan hun manier, en als je daar iets van zegt, zeg je eigenlijk dat de opvoeding die ze jou gegeven hebben niet klopt. Toch is het belangrijk dat je jouw manier van opvoeden wel duidelijk uitspreekt. Je kunt uitleggen dat de maatschappij veranderd is en dat er daarmee veranderingen zijn gekomen in de opvoeding. Zo geef je hun geen slecht gevoel, omdat het immers aan een andere factor ligt. Soms kun je echter zo'n maatschappelijke verandering niet de schuld geven en zul je echt voet bij stuk moeten houden. Vraag jezelf af of deze situatie wenselijk blijft voor jullie allemaal. Misschien is het dan fijner een andere oppas te zoeken.

8

Intelligentie

Interesses, persoonlijkheid,
denken en aanmoediging

We willen allemaal het beste voor onze baby. Stiekem hopen we allemaal dat hij slim is en een succesvolle toekomst tegemoet gaat. Maar wat is slimheid? Heeft deze wel te maken met succes? En hoe kun je je baby's voorkeuren en interesses zien? Nog belangrijker, is het eigenlijk wel zo noodzakelijk hiernaar te kijken als ouder?

Acht vormen van intelligentie

Intelligentie is een term die vaak verkeerd gebruikt wordt. Bij intelligentie denken we vaak aan IQ en de daarbij horende goede schoolcijfers. Intelligentie gaat echter veel verder dan alleen die schoolse intelligentie. Tegenwoordig zijn we ons er steeds bewuster van dat er niet één soort intelligentie bestaat, maar dat er meer vormen van intelligentie zijn. De grondlegger van dit idee is Howard Gardner. Hij beschreef het idee van acht verschillende vormen van intelligentie:

1. muzikale intelligentie;
2. lichamelijk-kinetische intelligentie (de controle over lichaamsbewegingen om bijvoorbeeld een spel te kunnen spelen, zoals in allerlei sporten, of emoties te kunnen uitdrukken bij ballet en dans);
3. logisch-wiskundige intelligentie (wiskundig slim);
4. taalkundige intelligentie;
5. ruimtelijke intelligentie (ruimtelijk inzicht/ruimtelijk overzicht);

6. interpersoonlijke intelligentie, ofwel sociale intelligentie (de intenties en wensen van anderen doorhebben, ook al zijn ze niet uitgesproken);
7. intrapersoonlijke intelligentie (toegang hebben tot de eigen gevoelens en emoties en die gebruiken om het eigen handelen te sturen);
8. natuurgerichte intelligentie (inzicht in de wereld van planten en dieren).

Je baby heeft elke vorm van intelligentie in zich. De vraag is alleen welke vorm(en) bij hem het sterkst is (zijn). Je baby heeft vanaf de geboorte een voorkeur voor één of enkele intelligenties. Dat zul je, hoe ouder je baby wordt, steeds beter gaan opmerken. Toch is het nog wat vroeg om nu al over intelligenties te praten. Interesses en talenten zijn betere benamingen om bij baby's en jonge kinderen te gebruiken. Simpelweg omdat de woorden 'interesses' en 'talenten' iets over jou en je baby zeggen. Als jij namelijk in staat bent zijn interesses te zien en hem daarin te stimuleren, zal hij zijn aangeboren talenten hiervoor goed kunnen ontwikkelen. Het erkennen van deze interesses doe je niet om je baby slim te maken, maar om hem gelukkig te maken. Ieder mens, dus ook je baby, wil immers graag gestimuleerd worden in wat hem boeit en interesseert.

Interesses en intelligentie

Het is belangrijk op alles van je baby te letten. In de eerste jaren met je kind leer jij hem kennen en hij leert jou kennen. Zijn persoonlijkheid wordt je steeds duidelijker en dit is ongetwijfeld de leukste 'speurtocht' die je in je leven meemaakt. Enkele van de onderdelen van de persoonlijkheid die je op die speurtocht leert kennen, zijn de interesses van je baby. Die zijn medebepalend voor de manier waarop hij zich ontwikkelt, hoe hij met sprongetjes omgaat, welke vaardigheden hij onder de knie krijgt en de eisen die hij aan het leven stelt. Kortom, de interesses van je baby zijn een van de belangrijke dingen om op te letten, aangezien die veel van zijn ontwikkeling bepalen. Houd er altijd rekening mee dat je baby zijn eigen interesses heeft en dat die niet noodzakelijkerwijs overeen hoeven te komen met die van jou. Laat hem altijd aangeven waarin hij interesse heeft en dring je eigen interesses niet aan hem op. Dat lijkt vanzelfsprekend, maar toch is dit soms een van de moeilijkste dingen in het opvoeden.

Ontdek welke interesses en talenten jouw baby heeft

Elke keer dat je baby een sprongetje in zijn mentale ontwikkeling heeft gemaakt, heeft hij er een nieuw waarnemingsvermogen bij en kan hij een heleboel nieuwe vaardigheden gaan ontwikkelen. Hij kiest zelf uit, al is het onbewust, welke dingen hij eerst wil leren. De keuzes die hij maakt zeggen iets over zijn interesses en zijn talenten en dus over zijn persoonlijkheid. Nadat je baby een paar sprongetjes heeft gemaakt, zul je merken dat hij altijd eenzelfde soort vaardigheden het interessantst vindt. Bij de een zijn dat bijvoorbeeld alle motorische dingen (lichamelijk-kinetisch) en bij de ander de interpersoonlijke interesse en de bijbehorende spelletjes. Juist omdat je baby zich nog volledig moet ontwikkelen, is het nu nog te vroeg om hieraan conclusies te verbinden die voor het leven vaststaan. Je kunt de interesses die jou zijn opgevallen wel in je achterhoofd houden en hierop inspelen door spelletjes te doen die daarbij passen.

Weet je wat je baby aankan, wat hij snapt en wat nog niet

Een gelukkige persoon, dus ook een baby, is iemand die zichzelf kan zijn. Iemand die zich niet hoeft te vervelen, maar ook niet hoeft te voldoen aan dingen die gewoon te moeilijk zijn, te veel gevraagd. Mensen functioneren goed en zitten lekker in hun vel als ze aangesproken worden op hun niveau. Baby's ook. Als ouder doe je je baby dan ook geen groter plezier dan je daarvan bewust te zijn. Neem de tijd om je baby te leren kennen en speel op hem in, op zijn niveau. Hoe ouder je baby wordt, hoe meer je zult ervaren dat hij soms dingen saai vindt en hunkert naar een nieuwe uitdaging. En soms zie je juist het tegenovergestelde. Je merkt dan dat je baby gefrustreerd raakt, omdat hij dingen moet doen die hij simpelweg nog niet snapt of kan. Iedere ouder komt ooit in beide situaties terecht. Dat komt omdat je als ouder continu bezig bent om te ontdekken wat je baby interesseert, wat hij kan, wat hij leuk en uitdagend vindt, wat hij te moeilijk vindt, wat hij te simpel en saai vindt en waarop hij uitgekeken is.

Tip

Eis nooit te veel van je baby, dreumes, peuter of kind. Waardeer je baby zoals hij is. Stel eisen aan hem die hij aankan en stimuleer je baby op de manier die bij hem past.

Jonge baby's kunnen al veeleisend zijn

Het is een sprookje dat pasgeboren baby's altijd maar rustig slapen en ouders de gelegenheid geven te doen wat ze willen doen. De naakte waarheid is dat maar een beperkt aantal pasgeboren baby's inderdaad uren achter elkaar slaapt en in de uren dat ze wakker zijn vredig in de box ligt. Verreweg de meeste ouders hebben het gevoel dat hun baby al vrij snel na de geboorte zijn behoeftes aan hen duidelijk maakt. Ze willen in je armen liggen, aan de borst zonder dat ze honger hebben, de kamer bekijken of raken verveeld als ze te lang op één plek zijn. Dat merk je nog beter na het eerste sprongetje, vijf weken na de uitgerekende datum. Bij ieder sprongetje wil je baby meer van het leven. En zo hoort het ook. Het is dus heel normaal dat je als ouder vaststelt dat je baby steeds meer 'eist'.

Toch zijn er baby's die duidelijk heel erg veel eisen, veel meer dan normaal bij een sprongetje en de leeftijd van de baby horen. Die ouders hebben het gevoel dat ze op hun tandvlees lopen en ze zoeken de hele dag naar dingen om hun baby maar tevreden te stellen. Na een zoektocht door de kamer hebben ze eindelijk dat schilderij gevonden waarin de baby geïnteresseerd is. Vijf minuten kijkt hij er met grote ogen naar, lijkt eindelijk tevreden te zijn en valt in slaap. Als de baby wakker wordt en opnieuw onrustig wordt, is het schilderij opeens oninteressant en moeten de ouders weer op zoek gaan naar iets anders. Het lijkt dan wel of de baby het schilderij heeft bekeken, verwerkt in zijn hersentjes en nu saai vindt. Hij wil iets nieuws en blijft onrustig tot hij dat nieuwe, wel interessante heeft gezien. Deze baby's noem je veeleisend. Dat woord heeft een negatieve bijklank, terwijl het eigenlijk heel leuk en uitdagend zou moeten zijn voor een ouder om zo'n baby op te voeden. Die wil alles uit het leven halen wat erin zit. Leuk toch?

Zo ga je verveling tegen

Alle baby's willen leren. Ze willen de wereld ontdekken. Ze zijn geboeid door het 'nieuwe'. Verveling betekent dan ook niets meer of minder dan dat je baby eigenlijk tegen je zegt: 'Dit is saai, dit snap ik inmiddels wel, ik wil graag iets anders zien of meemaken.' Sommige baby's laten hun verveling duidelijker blijken dan andere: ze huilen en worden onrustig. Dan weet je als ouder dat je baby echt op zoek is naar een nieuwe uitdaging. Andere baby's keren een beetje in zichzelf en geven dus minder zichtbaar en hoorbaar commentaar. Juist bij deze baby's is het heel belangrijk als ouder

om in te zien dat je baby zich verveelt. Dat hij niet van zich laat horen en jou hierdoor niet aanzet tot het doen van nieuwe dingen met hem, wil niet zeggen dat hij daar geen behoefte aan heeft. Dat heeft hij wel! Ga samen met hem op speurtocht naar iets wat hem boeit, wat hem helpt de uitdagingen en leuke nieuwe dingen te ontdekken.

Ga na wat jouw baby stimuleert

Allereerst is het van belang dat je je baby goed kent. Dat je weet wat hem boeit, wat hij saai vindt en wat hij nog te moeilijk of te uitdagend vindt. Je kunt dat nooit helemaal precies achterhalen, hoe goed je je best ook doet. Je baby ontwikkelt zich snel, en de dingen die hem stimuleren om bepaalde vaardigheden onder de knie te krijgen veranderen dan ook net zo snel. Dit maakt het juist zo leuk. Eigenlijk ben je als gezin bezig al het nieuwe te ontdekken. Je baby ontdekt dat een rubberbal stuitert en van boven naar beneden en weer naar boven gaat. Jij ontdekt dat iets wat voor jou vanzelfsprekend is, voor je baby een prachtig spel is. Je baby leert de wereld kennen, en jij leert hem kennen. Door je te verdiepen in de sprong waar je baby in zit, weet je wel in welke hoek je de nieuwe uitdaging moet zoeken. Lees een week voordat je baby een sprongetje gaat maken het desbetreffende hoofdstuk in *Oei, ik groei!* door. Denk alvast na over wat je baby nu gaat leren. Bedenk welke dingen in huis je kunt gebruiken of wat je zoal kunt doen om op de sprong in te spelen. Door je voor te bereiden, maakt je baby de sprong gemakkelijker en weet jij beter wat hem boeit en stimuleert.

Maak het niet te makkelijk... en niet te moeilijk!

Baby's willen uitgedaagd worden op hun niveau en op een manier die hen aanspreekt. Is het niveau te hoog of te laag, dan raken ze gefrustreerd. Als je als ouder een manier van spelen forceert die niet bij het karakter van je baby past, hoef je niet te verwachten dat hij enthousiast meedoet. Eigenlijk is je baby dus degene die bepaalt of een nieuwe uitdaging wel of niet aanslaat. Als je als ouder te veel gaat pushen, te veel wilt stimuleren, dus te veel van hem eist, zal het eerder tegen dan voor je baby werken. Eigenlijk geldt dit voor alles in de ontwikkeling: dring niets op, maar laat je baby kiezen. Dwing hem niet dingen te doen die hij niet interessant vindt of die te moeilijk zijn.

Soms is je baby bang voor iets wat hem juist interesseert!

Je baby is geïnteresseerd in het nieuwe. Dat 'nieuwe' is iets wat hij nu ineens snapt omdat hij het sprongetje heeft gemaakt dat hem daartoe in staat stelt. Dat 'nieuwe' is uitdagend en er gaat als het ware een wereld voor hem open. Toch is het heel normaal dat je baby af en toe ook plots afkeer of angst van dat 'nieuwe' lijkt te hebben. Hij is zich er dan min of meer van bewust dat hij dit spel of het gevoel dat hij heeft eigenlijk nog helemaal niet kent. Hij voelt zo veel nieuwe dingen op zich afkomen, dat hij even bang lijkt te worden of schrikt. Meestal zie je geen daadwerkelijke schrikreactie, maar doet hij opeens zijn ogen dicht of keert zich af. Hij heeft dan even een moment van verwerking nodig, een moment rust. Als je dat merkt, gun je je baby dat moment gewoon. Laat hem aangeven wanneer hij genoeg rust heeft gehad. Soms is dat al na een paar seconden, soms duurt het langer. Je baby weet precies hoeveel tijd hij nodig heeft om die indrukken te verwerken. Laat je dus door hem leiden.

Soms wil een baby zo graag dat hij zichzelf geen rust gunt

De meeste baby's geven precies aan wanneer ze toe zijn aan rust. Ze genieten van het nieuwe spel, maar geven ook toe aan de moeheid. Sommige baby's zijn echter zo geïnteresseerd in het nieuwe, willen zo graag alles onder de knie krijgen nadat ze een sprongetje gemaakt hebben, dat ze zichzelf geen rust gunnen tot ze de nieuwe vaardigheden onder de knie hebben. Ze zijn niet alleen veeleisend voor hun ouders, maar ook voor zichzelf. Die baby's moet je soms tegen zichzelf in bescherming nemen. Als ouder moet je hun leren de rust te nemen waaraan ze behoefte hebben. Probeer situaties te vinden waarin je baby met de nieuwe sprong bezig is en toch rustig wordt.

Dat onbenullig bezig zijn is zelden onbenullig

Wat voor ons iets onbenulligs schijnt en zelfs saai, kan voor je baby reuze-interessant zijn. Je bent niet de eerste ouder die ontdekt dat je baby de prachtige rammelaar met extra veel functies zo leuk vindt omdat er een label aan zit! Je baby heeft oog voor detail. De kleinste dingen kunnen hem enorm boeien. Soms zijn die dingen zo klein, voor ons zo onbenullig, dat sommige ouders denken dat de baby dom is. Sommige denken zelfs dat hun baby autistisch is als hij uren met zijn vingertje over een drempel heen en weer gaat of uren een garenklosje omdraait met zijn handjes. Als ouder ben je nu eenmaal snel geneigd om het ergste te denken, terwijl daar bijna nooit echt reden toe is. Het urenlang met iets 'onbenulligs' bezig zijn is dan ook zeker geen reden om te twijfelen aan de intelligentie van je kind. Sterker nog, je baby is waarschijnlijk zeer zwaar hersenwerk aan het verrichten. Hij ontdekt de basiswetten van de wereld: met zijn vingertje over de drempel voelend ervaart hij de zwaartekracht, de materialen, de natuurkundige krachten die het overnemen op het moment dat zijn vinger over een bepaald punt in de ronding van de drempel gaat. Het garenklosje omdraaien laat hem zien dat hij met zijn hand, door heel subtiele bewegingen te maken, in staat is iets er anders uit te laten zien. Wij weten dat iets er frontaal anders uitziet dan op de kop, maar dat het in feite hetzelfde ding is. Je baby is dat aan het ontdekken terwijl hij dat klosje omdraait. Eigenlijk dus heel slim!

Praat tegen je baby: dit is breinpower!

Je baby geniet ervan om intieme gesprekjes met je te hebben, hoe jong hij ook is. Hij luistert naar je stem en kijkt naar je gezicht. Dat geeft hem een geruststellend, veilig gevoel. En door dit soort gesprekjes oefent hij het kijken, horen, luisteren, ruiken en bewegen. Praat dus altijd tegen je baby en begin hier meteen na de geboorte mee. Juist dan, want vrij snel na de geboorte vindt er een snelle vertakking plaats van de zenuwverbindingen in de

grote hersenen. Deze zenuwverbindingen kun je vergelijken met een soort wegennet in de hersenen. Hoe meer verbindingen, hoe beter het verkeer. Door veel tegen je baby te praten stimuleer je de interactie, en deze interactie zorgt ervoor dat de verbindingen blijven bestaan. Die nieuw ontstane zenuwverbindingen kunnen namelijk ook afsterven als ze niet gebruikt worden.

Nieuwe ervaringen, nieuwe hersenconnecties

Je baby hunkert naar nieuwe ervaringen. Niemand is zo nieuwsgierig en leergierig als een baby. Uit onderzoek bij dieren is gebleken dat er in de hersenen meer zenuwverbindingen ontstaan als ze op heel jonge leeftijd gestimuleerd worden met ervaringen. Die ervaringen kun je heel ruim zien. Het gaat erom dat je baby nieuwe dingen hoort, ziet en meemaakt. Vroeger dachten we dat een jonge baby nog niets kon en je hem dus ook gerust uren in de box kon laten liggen zonder tegen hem te praten. Ze leerden toch niets, althans, dat dachten we. Nu weten we beter. Praat tegen je baby, onderneem dingen, reageer op hem en betrek hem zo veel mogelijk bij je gezin en bij de maatschappij. Je stimuleert zo de aanmaak van zenuwverbindingen in de hersenen én je krijgt er een veel leuker kind door. Zie het zo: de energie die je erin stopt, komt er dan dubbel en dwars op een leuke manier uit. Als je je baby altijd maar naast je neerzet zonder interactie met hem te hebben, zul je een baby krijgen die niets onderneemt en uit wie vrijwel niets komt.

De omgang met je baby beïnvloedt het IQ van je baby

Het IQ wordt voor een deel beïnvloed door de manier waarop je met je baby omgaat. Het grootste gedeelte staat echter al vast bij de conceptie. Er zijn namelijk sterke aanwijzingen dat ook IQ erfelijk is. Maar je hebt hier als ouder ook invloed op. Dat begint al tijdens de zwangerschap. Roken is bijvoorbeeld niet alleen ongezond voor je baby, maar heeft ook een direct negatief effect op zijn IQ. Hetzelfde geldt overigens voor het zogenoemde meeroken na de geboorte, doordat hij de schadelijke stoffen via de borstvoeding binnenkrijgt en de rooklucht inademt. Maar er zijn ook niet-fysieke invloeden die je als ouder hebt op het IQ van je baby. De mate waarin jij hem van jongs af aan stimuleert, is later af te lezen aan zijn IQ. Er is bijvoorbeeld een test gedaan bij baby's die op een kinderdagverblijf zaten waarbij de leidsters weinig tot niets met de baby's deden. Ze waren niet begaan met de baby's en deze lagen voornamelijk in hun eentje naar een saai wit plafond te staren. Jaren later, toen deze baby's kinderen waren en het IQ gemeten kon worden, was hun IQ lager dan bij de groep baby's die tijdens de kinderdagverblijftijd wel gestimuleerd werd.

Eerste tekenen van intelligentie

Er is geen checklist die je kunt afwerken om op heel jonge leeftijd al inzicht te krijgen in het meetbare IQ dat je kind zal hebben wanneer het ouder is dan zes jaar. Gelukkig niet. Wetenschappers zijn nu aan het onderzoeken hoe je deze vorm van intelligentie op jonge leeftijd kunt voorspellen. Er lijken een aantal indicatoren te zijn die aangeven dat baby's later een hoge intelligentie hebben, of zelfs hoogbegaafd zijn.

Je baby:

- ✓ is veeleisend en niet snel tevreden;
- ✓ huilt veel (zie ook hoofdstuk 4, Huilen, p. 75);
- ✓ is snel verveeld;
- ✓ is continu op zoek naar een nieuwe uitdaging;
- ✓ kan lang en zeer geconcentreerd met iets bezig zijn;
- ✓ observeert veel;
- ✓ 'oefent' in zijn hoofdje. Als hij aan iets begint, doet hij het vrijwel in één keer goed;
- ✓ vraagt veel meer aandacht dan andere baby's;
- ✓ heeft een goed ontwikkelde fijne motoriek op zijn niveau (zie ook hoofdstuk 2, Lichamelijke ontwikkeling, p. 33).

Houd altijd goed in de gaten dat dit slechts indicatoren zijn. Niet iedere veeleisende baby heeft een hoge intelligentie en niet iedere weinig eisende baby een lage. Je kunt als ouder het beste vertrouwen op je intuïtie en deze indicatoren alleen in je achterhoofd houden.

Wanneer gaat een baby doelgericht aan het werk?

Bij iedere sprong die hij maakt, stelt je baby steeds complexere doelen. Gaandeweg lijkt zijn doelgerichtheid meer op die van ons. Vroeger dachten we dat een baby helemaal blanco geboren werd: als een stel botten en spieren met vel eromheen, met hoogstens wat reflexen. Nu weten we gelukkig beter. Je baby is vanaf dag één al met een simpel soort doelgerichtheid bezig. Vanaf de negende sprong (rond de 15 maanden) is je baby in staat op zo'n niveau doelbewust te werk te gaan, dat je vanaf nu regels en eisen aan hem kunt gaan stellen. Voor het eerst doet hij dingen bewust om bijvoorbeeld zijn zin te krijgen. Voor die sprong is hij niet bewust bezig zijn zin door te drammen.

9

Opvoeding

Regels, grenzen, drammen, eisen, leren, sociaal gedrag, straf

Hoe ouder je baby wordt, hoe meer zijn 'ikje' naar voren komt. Je ziet hoe zijn persoonlijkheid steeds duidelijker wordt en je geniet daarvan. Toch komen er momenten dat zijn belangen niet overeenkomen met die van jou. Je dreumes tast jouw grenzen af en jij bent er om hem regels te leren. Niet om hem het leven moeilijk te maken, maar omdat hij daar behoefte aan heeft. Door je kind op jonge leeftijd goede regels bij te brengen, zorg jij ervoor dat hij een mooie start heeft voor een leuke tijd op de peuterspeelzaal, op school en in de rest van zijn leven.

De sprong van principes: de start van het grenzen stellen

Als je baby de sprong van principes heeft gemaakt (64 weken na de uitgerekende datum, ofwel bijna 15 maanden), kan en moet je hem regels leren. 'Moeten' is geen leuk woord, maar nu wel zeer op zijn plek. Je baby heeft dat 'regels leren' nodig om een fijn leven te kunnen hebben. Hij hunkert ernaar, al zul je dat soms tijdens een drambui niet zo ervaren.

Dit kan je baby wel leren voor de 15 maanden

Je kunt voor de sprong van principes wel het goede voorbeeld geven en je baby corrigeren op het moment dat hij iets 'fouts' doet. Je zegt bijvoorbeeld duidelijk 'nee, niet doen!' als hij aan je haar trekt, of pakt iets af als hij iets aanraakt waar hij niet aan mag komen. Dan corrigeer je hem in het spel waarmee hij op dat moment bezig is. Je stelt dus regels in het 'nu'. Als je dreumes de sprong van principes maakt rond 15 maanden, snapt hij opeens dat hij zijn zin kan krijgen door bijvoorbeeld heel lief te gaan doen of jou te helpen, of juist door te drammen. Hij beseft nu dat hij iets kan bereiken door bepaald gedrag te vertonen. Het is aan jou om duidelijke grenzen te stellen.

Voorkom dat je baby gaat drammen

Ieder kind dramt, dat hoort er nu eenmaal bij. Natuurlijk dramt de een wat minder dan de ander. Een baby met een vurig karakter laat tenslotte altijd meer van zich horen dan een baby met een wat rustiger karakter. Toch is niet alleen de aanleg van je baby bepalend voor het meer of minder drammen. Jij speelt daar ook een grote rol in. Als je niet consequent bent, zal je dreumes daar ongetwijfeld gebruik van maken. Niet consequent zijn betekent immers dat iets 'fouts' soms wel mag en soms niet. Je dreumes heeft binnen de kortste keren door wanneer hij met een dramtoneelstuk iets kan bereiken, omdat jij die signalen uitzendt. Door consequent te zijn voorkom je niet dat je dreumes dramt, maar zorg je er wel voor dat hij het minder vaak doet en de drambuien korter duren.

Soms komt zo'n drambui echt niet uit...

Consequent zijn lijkt gemakkelijk. Je weet immers als volwassene wat mag en niet mag en kunt dat dus ogenschijnlijk eenvoudig overdragen op je dreumes. Toch komt iedere ouder soms in de verleiding even toe te geven aan een drambui. Bijvoorbeeld omdat je in een omgeving bent waar het drammen van je dreumes anderen echt stoort, omdat je haast hebt of omdat je gewoonweg geen gedram meer kunt horen. Toch is het verstandig juist in deze situaties wel consequent te zijn! Geef je eenmaal toe, dan zal je dreumes ongetwijfeld steeds vaker gaan drammen.

Ook al is drammen normaal, je moet het wel inperken

Je dreumes ontwikkelt steeds meer zijn eigen willetje. Na de sprong van systemen rond 17 maanden ervaart hij zelf dat hij een eigen persoon is met een eigen mening en eigen rechten. Dat is een goede ontwikkeling. Hij gaat nu proberen een 'ik' te ontwikkelen die in de maatschappij past. Ieder mens is tenslotte een groepsdier en wil in een groep passen waar hij gerespecteerd wordt. Een lief kind wordt beter geaccepteerd dan een stout kind, om maar twee uitersten te noemen. Aan jou de taak hem zo op te voeden dat hij goed met anderen op kan schieten, goed in een groep past en weet wat wel en niet mag. Dat je weet dat ieder kind dramt, is geen excuus om je er maar bij neer te leggen en te hopen dat het ooit vanzelf overgaat. Het besef dat ieder kind dramt, dient alleen het doel dat jij niet denkt dat er iets mis is met jouw kind. Het is een geruststelling dat het niet aan jou ligt of aan je dreumes, maar bij de ontwikkelingsfase hoort waarin hij verkeert.

Jouw gedrag tijdens de babytijd heeft invloed op het drammen in de dreumestijd

Voordat je baby 15 maanden is en het negende sprongetje maakt, kan hij niet bewust zijn zin doordrammen. Voor de 15 maanden kun je dus ook geen echte regels stellen. Maar... dat wil niet zeggen dat er niks is wat je kunt doen en alles maar 'moet pikken' voor die tijd. Je kunt namelijk wel grenzen stellen door bijvoorbeeld dingen duidelijk te maken. Neem het voorbeeld van een baby die ineens hard aan je haren trekt of aan je oorbel of baard. Pijnlijk, maar voor de baby is het gewoon een manier van voelen. Moet je er dan niks van zeggen? Nee. Je kunt heel duidelijk 'au, niet doen, dat doet pijn' zeggen. Zo leert je baby dat soms iets gewoon niet goed is. En omdat je baby gewend is dat hij af en toe iets niet mag of weerwoord krijgt, komen de regels die je in de dreumestijd gaat stellen hem niet zo koud op zijn dak.

Je dreumes dramt op dat ene onmogelijke moment...

Maandenlang zijn je baby en jij een steeds hechtere twee-eenheid geworden. Tegen de tijd dat je baby een dreumes is, kent hij jou door en door. Hij weet precies wat je leuk en wat je grappig vindt en waar je gevoelig voor bent. Een dreumes, hoe lief hij ook van karakter is, zal daar genadeloos van profiteren. Hij voelt precies aan wanneer je waarschijnlijk in de verleiding komt hem wél zijn zin te geven. Het enige wat je daaraan kunt veranderen is jezelf bewust te worden van die momenten. Ga bij jezelf na wanneer en in welke situatie jij je dreumes weleens zijn zin geeft. Is dit bijvoorbeeld in een winkel, omdat je je schaamt voor zijn gedrag. Als hij je overstelpt met kusjes? Als je eten staat klaar te maken, de andere kinderen druk zijn en de hond ook nog eens om eten staat te bedelen? Door je bewust te zijn van die momenten, overvallen ze je niet meer en kun je er tijdig op inspelen. Als je van jezelf weet dat jij bijvoorbeeld niet tegen drampartijen kunt als er vreemden bij zijn, omdat je je dan schaamt, kun je je bewust voornemen hier alert op te zijn en je voortaan niets meer aan te trekken van die vreemden.

Met zijn allen op één lijn

Consequent zijn is belangrijk. Je dreumes van 15 maanden snapt nog niet dat iets van papa wel mag en van mama niet. Het enige wat jullie daarmee zeggen is: wij kunnen geen regel maken, probeer het zelf maar. En dat is gewoonweg te moeilijk voor je dreumes, dan eis je te veel van hem. Het is helemaal niet gek als je samen met je partner wat regels afspreekt, zolang jullie je maar allebei aan die regels houden. Hetzelfde geldt voor de oppas. Alle mensen die voor de dagelijkse opvoeding zorgen moeten op één lijn zitten. Zo geef je je dreumes duidelijkheid.

De uitzondering op de regel

'De uitzonderingen bevestigen de regel', maar voor je dreumes zijn die uitzonderingen alleen maar verwarrend. Hij snapt dit soort finesses in regels pas als hij een peuter is. Dan kun je hem uitleggen dat je soms een uitzondering maakt op de regel. Hij mag bijvoorbeeld een extra snoepje omdat je op een feestje bent, of een keertje later opblijven omdat het weekend is. Leg hem altijd goed uit dat je een uitzondering maakt. Vertel hem dat het voor één keertje mag en geef aan waarom je die uitzondering maakt. Kijk hoe je peuter hiermee omgaat. Snapt hij dat het een uitzondering was of gaat hij drammen om meer uitzonderingen? Pas de mate waarin je uitzonderingen toepast gewoon aan zijn reactie aan.

De langetermijneffecten van consequent zijn

Je kind vanaf 15 maanden regels leren is een van de beste ingrediënten om een leuk, sociaal kind te krijgen. Een kind dat naar school gaat en zich daar zeker over zichzelf voelt en goed in een groep past. Een kind dat bij een vriendje kan gaan spelen en diens ouder niet tot wanhoop drijft. Kortom, een kind op wie je trots kunt zijn. Kinderen die geen regels hebben geleerd, zullen in de dreumestijd meer en langer drammen. Die drambuien zijn niet het ergste. Het wordt pas veel erger als dit doorgaat wanneer hij een kleuter of groter kind is. Je leest en hoort genoeg verhalen over kinderen die agressief zijn, schreeuwen, dingen stukgooien en zelfs anderen met opzet pijn doen.

Mag je een baby straffen?

Een baby kun je niet straffen, omdat hij simpelweg nog niet weet dat hij iets 'fouts' doet. Je kunt hoogstens 'nee, dat doet pijn' of zoiets zeggen en dat duidelijk maken met je mimiek en reactie. Als je baby het dan tien minuten later weer doet, herhaal je wat je eerder zei. Je gaat hem niet straffen omdat hij het weer doet. Dat zou oneerlijk zijn, omdat je baby nog niet snapt dat hij iets fouts doet. Vanaf 15 maanden verandert dat. Je dreumes snapt nu dat hij te maken heeft met een regel en is dus ook verantwoordelijk voor het testen van die regel. Dat hij die regel test door meerdere malen dat ene 'foute' te doen is heel normaal. Op die manier leert hij dat dit dus een van de regels is. Je kunt hem dan wel 'straffen' voor het testen van die regel. Je 'straft' een dreumes door hem te laten zien en voelen (gevoelsmatig, niet fysiek!) dat je dit niet accepteert. Als hij de kandelaar van de schouw afpakt, ga je naar hem toe en vertel je hem dat dat niet mag. Doet hij het nogmaals? Dan pak je je kind op en zet je hem ergens anders in de kamer neer. Vertel hem altijd waarom iets niet mag terwijl je op ooghoogte zit en hem aankijkt, en probeer hem daarna af te leiden met een ander spelletje.

Zeg iets zowel verbaal als non-verbaal!

Woorden alleen zijn echt niet genoeg. Handelingen alleen zijn ook niet genoeg om je boodschap duidelijk te maken. Je kunt honderd keer zeggen dat je dreumes ergens niet op mag klimmen, maar als je dat lachend doet met een vriendelijke blik, terwijl je zelf op de bank blijft zitten, zal die regel echt geen indruk maken op je dreumes en gaat hij gewoon lekker door. Regels maak je duidelijk door zowel verbale als non-verbale communicatie: woorden, houdingen en daden. Zorg ervoor dat je gezicht en je lichaamshouding vertellen wat je in woorden ook tegen hem zegt. Lach als je blij bent, kijk boos als je boos bent. Dat klinkt als een schot voor open doel, maar toch zijn veel mensen zich niet genoeg bewust van hun houding als ze praten. Vooral bij je dreumes is het erg belangrijk dat je je gevoel echt duidelijk met je mimiek en lichaamstaal overbrengt. Een beetje overdreven zelfs. Als ouder ben je ook een beetje acteur! Niet alleen de houding van je lichaam en de uitdrukking op je gezicht zijn belangrijk, ook de hoogte waarop je staat of zit is van belang. Als je wilt dat een boodschap echt goed overkomt, ga je recht voor hem staan. Met je ogen op de hoogte van zijn ogen kijk je hem recht aan. Dan wordt dat wat je zegt pas écht duidelijk.

Soms is het stiekem heel grappig als hij iets stouts doet...

Gelukkig kunnen we ook vaak lachen om de stoute pogingen van kinderen. Je dreumes probeert iets stiekem te doen, maar doet dat op zo'n opvallende manier dat het er grappig uitziet. Laten we eerlijk zijn, soms is het ook gewoon erg grappig; zelfs een drambui kan grappig zijn. Hoe hilarisch je het ook vindt, lachen is in de ogen van je kind een teken dat hij het goed doet, een complimentje. Probeer je lachen dus echt in te houden, hoe moeilijk dat ook is. Vertel ook aan je oudste kinderen dat ze niet moeten lachen. Hen verplichten hun lachen in te houden is soms wat moeilijk. Zeg hun dat ze dan even naar een andere ruimte moeten gaan om te lachen.

Dreumesen en agressie

Ja, een dreumes kan agressief zijn. Sterker nog, bijna alle dreumesen vertonen agressief gedrag. Natuurlijk moet je de term 'agressief gedrag' wel heel ruim zien. Meestal merk je dat je dreumes na het doen van de sprong van principes, dus ongeveer met 15 maanden, opeens wat vaker agressief gedrag vertoont. Hij bijt ergens heel hard in, slaat of gooit iets expres om en kijkt dan naar jou. Alsof hij je aan het testen is. Dat doet hij ook. Niet

omdat hij jou het leven zuur wil maken, maar omdat hij na het maken van deze sprong met sociaal gedrag experimenteert. Hij wil nu aan jouw reactie zien of het wel of niet leuk gedrag is dat hij vertoont. Hij leert het leven kennen, en jij bent er om hem dat leven en de regels die erbij horen te leren.

Jouw invloed op agressief gedrag

Iedere baby experimenteert met agressie en zelfs 90 procent van de 17 maanden oude baby's is weleens agressief. Meestal is dit testen van agressie op het hoogtepunt als je baby twee jaar wordt, en daarna wordt het minder. Als je kind naar de basisschool gaat, is het helemaal over. Tenminste, onder normale omstandigheden. Ook al is een bepaalde mate van agressie normaal, acceptabel is het nooit. Leer dat je dreumes dus altijd. Geef zelf ook altijd het goede voorbeeld. Als jij schreeuwt als je ruzie hebt met je partner, kun je niet verwachten dat je dreumes het op een andere manier oplost. Hij schreeuwt ook als hij boos is, en waarschijnlijk nog harder dan jij. Als jij met deuren smijt als je boos bent, gaat je dreumes ook met dingen smijten als hij boos is. Jij bent zijn grote voorbeeld en door jouw gedrag leer je hem onbewust hoe hij zich moet gedragen. Een kind dat opgroeit in een gezin waarin dit soort agressie dagelijkse kost is, zal dit gedrag ook houden op de leeftijd waarop verreweg de meeste kinderen allang geen agressie meer vertonen.

Lief doen als strategie om zijn zin te krijgen?

Sommige dreumesen hebben al vroeg door dat je met honing meer vliegen vangt dan met azijn. Ze kiezen een andere strategie om hun zin te krijgen dan door te drammen. Ze zetten grote ogen op, kijken je extreem lief aan, helpen je, knuffelen je... Heerlijk. Toch is dit niet veel anders dan drammen. Zowel drammen als lief zijn op deze wijze is een manier om hun zin te krijgen. Het enige verschil is dat drammen meer irriteert. Leer je dreumes, ook als hij extreem lief is, dat sommige dingen niet mogen. Regels zijn nu eenmaal regels.

Bronvermelding

Figuur op p. 46. Bron: Rosenblith, J. (1992). *In the beginning. Development from conception to age two* (2nd ed.). Newbury Park: Sage Publications, p. 311, figuur 8.2.

Schema op p. 55. Bron: Rosenblith, J. (1992). *In the beginning. Development from conception to age two* (2nd ed.). Newbury Park: Sage Publications, p. 320.

Figuur op p 63. Bron: Kleitman, N. & T.C. Engelmann (1953). Sleep characteristics of infants. *Journal of Applied Physiology 6*, p. 269-282.

Register